STATUTS
POUR
LA COMMUNAUTÉ
DES MAITRES
CHIRURGIENS-JUREZ
DE PARIS.

A PARIS,
De l'Imprimerie de JACQUES GUERIN, Libraire-Imprimeur, Quay des Auguſtins.

M. DCC. XXXII.

TABLE.

TABLE

STATUTS

STATUTS
POUR
LA COMMUNAUTÉ
DES MAITRES
CHIRURGIENS-JURÉS
DE PARIS.

TITRE PREMIER.
DES DROITS ET PREROGATIVES du Premier Chirurgien du Roy.
ARTICLE PREMIER.

LES Statuts, Privileges & Ordonnances accordés aux Premiers Barbiers du Roy, leurs Lieutenans & Commis, Arrêts & Reglemens donnés en conséquence, seront exécutés selon leur forme & teneur, ensemble l'Arrêt du Conseil d'Etat du 6 Août 1668, portant désunion de tous les droits attribuez à la Charge de Premier Barbier, & union d'iceux à celle de Premier Chirurgien de Sa Majesté; ce faisant, il sera maintenu & gardé en qualité de Chef & Garde des Chartes & Privileges de la Chirurgie & Barberie du Royaume, au droit d'avoir toute Jurisdiction & connoissance du fait de ladite Chirurgie & Barberie, & sur les Maîtres Chirurgiens Jurés de Paris, Barbiers, Perruquiers, Baigneurs, Etuvistes, Sages-femmes, & tous autres éxerçans l'Art & Profession de la Chirurgie, ou partie d'icelle; comme aussi d'avoir sa Chambre de Jurisdiction, & icelle éxercer tant en sa maison, qu'en la Chambre de la Communauté des Mes Chirurgiens de la Ville de Paris, de présider, ou son Lieutenant en son absence, en toutes les Assemblées de la Communauté desdits Maîtres Chirurgiens, recüeillir les voix, prononcer & conclure, avec pouvoir d'établir son Greffier pour tenir Registre de tous les Actes de ladite Communauté, duquel Greffier vacation avenant, la provision & nomination appartiendra audit Premier Chirurgien, qui pourra nommer & choisir tel qu'il avisera bon être : & en cas que ladite fonction de Greffier soit faite par l'un des Maîtres Chirurgiens de ladite Communauté, il joüira, outre les droits particuliers attribués à ladite qualité de Greffier, des mêmes droits, honneurs & prérogatives qui pourront luy appartenir comme Maître de la Communauté.

ARTICLE II.

Le Premier Chirurgien du Roy, ou ſon Lieutenant, continuëra de recevoir en ſa maiſon, les Aſpirans pour la Maîtriſe de Chirurgie de toutes les Villes du Royaume, qui auront un Acte de refus atteſté & légaliſé par le plus prochain Juge Royal des lieux; en appellant auſdites receptions, tel nombre de Medecins & Chirurgiens qu'il aviſera bon être, & qu'il pourra choiſir, pourvû néanmoins que les Medecins ſoient de la Faculté de Paris; & que l'un deſdits Chirurgiens appellé, ſoit Prévôt en Charge. *Article ſuprimé.*

Cet Article a été ſuprimé par Arrêt du Conſeil d'Eſtat du 4. *Janvier* 1701. *cy-après, confirmé par Lettres Patentes de Sa Majeſté du* 8. *du même mois, enregiſtrées au Parlement le* 3. *Fevrier* 1701. *& au lieu d'iceluy, a été mis celuy qui ſuit.*

Le Premier Chirurgien du Roy, ou ſon Lieutenant, continuëra de recevoir en ſa maiſon, les Aſpirans pour la Maîtriſe de Chirurgie, Sages-femmes, Barbiers-Perruquiers, & tous autres faiſant quelque partie de la Chirurgie que ce ſoit, en la Banlieuë, Prévôté & Vicomté de Paris, enſemble ceux de toutes les autres Villes du Royaume, qui auront un Acte de refus atteſté & légaliſé par le plus prochain Juge Royal des lieux, en appelant auſdites receptions, tel nombre de Medecins & Chirurgiens qu'il aviſera bon être, & qu'il pourra choiſir, pourvû néanmoins que les Medecins ſoient de la Faculté de Paris; & que l'un deſdits Chirurgiens appellé, ſoit Prévôt en Charge.

ARTICLE III.

Article suprimé.

Les Regiſtres de ladite Communauté ſeront dans une chambre à S. Coſme, à la garde du Greffier du Premier Chirurgien de Sa Majeſté ; & à l'égard des titres & papiers de ladite Communauté, ils ſeront mis dans une armoire particuliere en la maiſon de S. Coſme, ſous trois clefs, dont l'une ſera donnée au Premier Chirurgien ou à ſon Lieutenant, une à l'ancien des quatre Prévôts, & la troiſiéme audit Greffier, ſans néanmoins que ledit Premier Chirurgien ou ſon Lieutenant, puiſſent prétendre aucun droit de proprieté ſur ladite Maiſon.

Cet Article a été ſuprimé par ledit Arrêt, & au lieu d'iceluy a été mis le ſuivant.

Tous les Regiſtres, titres & papiers de ladite Communauté, à l'exception ſeulement du Regiſtre courant qui demeurera entre les mains du Greffier, ſeront mis dans une armoire particuliere en la Maiſon de S. Coſme, ſous trois clefs, dont l'une ſera donnée au Premier Chirurgien ou à ſon Lieutenant, une à l'ancien des quatre Prévôts, & la troiſiéme audit Greffier, ſans néanmoins que ledit Premier Chirurgien ou ſon Lieutenant, puiſſent prétendre aucun droit de proprieté ſur ladite Maiſon.

ARTICLE IV.

Ceux qui après le préſent Reglement ſeront

recûs ou aggregés dans ladite Communauté, par l'une des manieres cy-après ordonnées, seront obligés immediatement après leur reception, & avant que de tenir Boutique, de lever au Greffe du Premier Chirurgien, des Lettres en forme, signées & scellées dudit Premier Chirurgien ou de son Lieutenant, & contresignées de son Greffier, pour laquelle expedition il sera payé seulement quatre livres audit Greffier, sans que lesdits recûs ou aggregés soient tenus de payer aucuns autres droits ni frais.

TITRE II.

De ceux qui doivent composer la Communauté des Maîtres Chirurgiens de Paris; de quelle maniere ils doivent être distribués dans les Classes; & de la forme en laquelle doivent être tenus les Catalogues généraux & particuliers.

ARTICLE V.

LA Communauté des Maîtres Chirurgiens Jurés de Paris, sera composée du Premier Chirurgien du Roy, de son Lieutenant, des quatre Prévôts & Gardes, d'un Receveur, d'un Greffier, & de tous les autres Maîtres qui ont été ou qui seront reçûs en ladite Communauté dans l'une des manieres cy-après ordonnées. Ladite Communauté ſera diviſée en quatre Claſſes. Il y aura un Prévôt à la tête de chacune; & le Premier Chirurgien ou ſon Lieutenant, diſtribuëra les Maîtres nouvellement reçûs, en telle Claſſe qu'il jugera à propos, en obſervant néanmoins de rendre les quatre Claſſes égales en nombre, autant que faire ſe pourra.

ARTICLE VI.

Sera dreſſé tous les ans avant le premier Octobre, trois differens Catalogues. Le premier contiendra le nom & la demeure de chaque Maître, & ſera diſpoſé ſuivant les dix-ſept quartiers de Paris, pour en être diſtribué tous les ans des exemplaires aux Commiſſaires du Chaſtelet. Le ſecond contiendra pareillement le nom & la demeure de chaque Maître, & fera mention du jour & de l'année de leur reception. Le troiſiéme contiendra ſeulement leurs noms, & ſera diſtribué ſuivant les quatre Claſſes, en tête de chacune deſquelles ſera inſcrit le nom d'un des quatre Prévôts; & ſeront le Premier Chirurgien du Roy, & ſon Lieutenant, nommez les premiers dans tous leſdits Catalogues, dont ſera fourni tous les ans un éxemplaire à chacun des Maîtres.

TITRE III.

De l'Election des quatre Prévôts, du Receveur, & de la maniere que ledit Receveur rendra son Compte.

ARTICLE VII.

SERA fait tous les ans élection de deux Prévôts, & tous les deux ans celle d'un Receveur, à la pluralité des voix, dans l'Assemblée générale, telle qu'elle sera reglée par l'Article 15. ci-après, sur les mandemens ou billets dudit Premier Chirurgien ou de son Lieutenant, à tel jour qu'il avisera bon être, pendant le mois de Mars. Les Prévôts & Receveurs ainsi élûs, entreront en Charge le premier Lundy d'Octobre suivant ; & seront tenus incontinent après leur élection, de faire & prêter serment pardevant ledit Premier Chirurgien du Roy, ou son Lieutenant, en la maniere accoûtumée.

ARTICLE VIII.

Les Prévôts & Receveur seront chacun en Charge pendant deux années consécutives ; & aucun des Maîtres de ladite Communauté, ne pourra être Prévôt, s'il n'a douze années de reception ; ni Receveur, s'il n'a été Prévôt, ou s'il n'est de ceux des Chirurgiens Officiers exceptés dans l'Article 89. cy-après, qui auront douze années de reception dans leurs charges.

ARTICLE IX.

Article ſuprimé.

Les Maîtres qui auront une fois paſſé par les Charges de Prévôts, ne pourront être élûs qu'une ſeconde fois pour remplir les mêmes Charges; pourra néanmoins ledit Premier Chirurgien du Roy ou ſon Lieutenant de ſix ans en ſix ans, à commencer à la premiere & prochaine élection, continuer un des Prévôts qui ſera actuellement en Charge, ou choiſir entre les Anciens Prévôts, l'un des deux qui ſeront à nommer pour entrer en Charge, pourvû qu'il n'ait été Prévôt qu'une ſeule fois; & ſans que ledit Prévôt ainſi élû ou nommé pour la ſeconde fois, puiſſe prendre rang qu'après les deux autres qui entreront dans la ſeconde année de leurs Charges, tant à l'égard dudit Premier Chirurgien, que de ladite Communauté.

Cet Article a été ſuprimé par ledit Arrêt, & au lieu d'iceluy, a été mis le ſuivant.

Les Maîtres qui auront une fois paſſé par les Charges de Prévôts, ne pourront être élûs ni continués une ſeconde fois aux mêmes Charges. Pourra néanmoins le Premier Chirurgien du Roy, une fois ſeulement, continuer un des Prévôts qui ſera actuellement en Charge, ou choiſir entre les anciens Prévôts, l'un des deux qui ſeront à nommer pour entrer en Charge, laquelle faculté appartiendra aux ſucceſſeurs dudit Premier Chirurgien à leur avenement.

ARTICLE

ARTICLE X.

Auſſitôt que le Receveur aura fini les deux années de ſa recette, il rendra compte en l'Aſſemblée générale pardevant le Premier Chirurgien de Sa Majeſté ou ſon Lieutenant, de la recette & dépenſe par lui faites ; & huitaine auparavant ſera donné communication dudit compte & des pieces juſtificatives d'icelui, tant audit Premier Chirurgien, qu'à ſon Lieutenant, aux quatre Prévôts & aux deux Maîtres les plus anciens, qui ſeront du Conſeil de ladite Communauté.

TITRE IV.

De la maniere de convoquer les Aſſemblées, & de la diſcipline qui y doit être obſervée.

ARTICLE XI.

TOUTES les Aſſemblées pour affaires de la Communauté, élection des Prévôts, Receveur, reddition des Comptes ou reception des Maîtres, ſeront faites en la Chambre commune, ſur les billets & mandemens du Premier Chirurgien du Roy, ou de ſon Lieutenant. Sera fait défences aux quatre Prévôts & Gardes en Charge & à tous autres Maîtres de ladite Communauté de convoquer aucune Aſſemblée de leur autorité ; Pourront néanmoins leſdits Prévôts, en cas de refus dudit Premier Chirurgien ou de ſon Lieutenant, & huitaine après une ſommation bien & dûëment faite, aſſembler ladite Communauté, le tout ſans préjudicier aux convocations d'Aſſemblées pour la reception des Aſpirans, leſquelles ſe feront ainſi qu'il ſera cy-après ordonné. Et à l'égard des aſſemblées qui ſe tiennent les premiers Lundis des mois, après le Service divin & la viſite des pauvres malades, l'on n'y pourra traiter que des affaires legeres de la Communauté.

ARTICLE XII.

Dans toutes les Aſſemblées, ſoit generales, ſoit particulieres & du Conſeil, le Premier Chirurgien de Sa Majeſté & ſon Lieutenant auront les premieres places, enſuite les quatre Prévôts & le Receveur, le Premier Chirurgien de la Reine, le Chirurgien ordinaire du Roy, les premiers Chirurgiens des Enfans de France, ainſi qu'il ſe pratique dans la Faculté de Medecine de Paris, puis les autres Maîtres ſuivant l'ordre de leur reception; & quant aux places des Chirurgiens du Châtelet, elles ſeront toûjours dans l'endroit ordinaire, vis-à-vis celles des Medecins. A l'égard des conſultations, les Maîtres ſuivront le rang qu'ils auront dans le Catalogue, & porteront honneur & reſpect audit Premier Chirurgien de Sa Majeſté, à ſon Lieutenant, aux quatre Prévôts & au Receveur en Charge, au Doyen de la Communauté, & à tous leurs Anciens; & en cas de contravention, seront les contrevenans exclus de la Communauté, & privés des émolumens.

ARTICLE XIII.

Après l'exposition faite par le Premier Chirurgien du Roy ou son Lieutenant, ou par le Prévôt qui présidera en leur absence, chaque Maître ne pourra parler qu'à son rang, & lorsque son nom sera appellé par le Greffier, le tout à peine d'amende pour la premiere fois, même d'interdiction en cas de récidive.

ARTICLE XIV.

En toutes les Assemblées, les opinions seront prises en commençant par les anciens Maîtres, & néanmoins les Chirurgiens du Châtelet opineront après l'ancien des Prévôts, & immédiatement avant le Lieutenant du Premier Chirurgien du Roy ; & en cas d'absence dudit Premier Chirurgien du Roy & de son Lieutenant, le plus ancien des Prévôts en charge présidera & recueillera les voix en la forme cy-dessus, & les Chirurgiens du Châtelet opineront immmédiatement avant luy, sans que lesdits Chirurgiens du Châtelet puissent avoir, ni prétendre dans les Assemblées aucun autre droit que ceux qui peuvent leur appartenir en qualité de Maîtres.

TITRE V.

De ceux des Maîtres qui doivent composer les Assemblées générales.

ARTICLE XV.

LES Assemblées générales convoquées pour les affaires de la Communauté, pour l'élection des Prévôts & du Receveur, & pour la reddition des comptes, seront composées du Premier Chirurgien du Roy, de son Lieutenant, des quatre Prévôts, du Receveur en Charge, du Greffier, & de tous les Maîtres qui auront dix années de reception ; & à l'égard des receptions des Aspirans où il y aura distribution de jettons, soit que la reception se fasse par le Grand Chef-d'œuvre, ou par l'une des manieres cy-aprés ordonnées, tous les Maîtres y seront mandés, & y auront distribution en la maniere accoûtumée.

Il est ordonné par ledit Arrêt que le susdit Article XV. aura lieu pour les Officiers des Maisons Royales qui se feront recevoir dans le tems porté par l'Article 89. cy-aprés, & qui auront dix années de reception dans leurs Charges lesquels auront voix déliberative, comme les Maîtres qui ont dix années de reception.

TITRE VI.

De ceux qui doivent compoſer les Aſſemblées du Conſeil.

ARTICLE XVI.

LE Conſeil ſera compoſé de trente perſonnes, outre le premier Chirurgien du Roy & ſon Greffier ; ſçavoir du Lieutenant, des quatre Prévôts en Charge & du Receveur, des deux Prévôts & du Receveur ſortis de Charge, du Doyen de la Communauté, de ſeize Maîtres ; ſçavoir, quatre de chaque Claſſe qui ſeront élûs en la forme preſcrite cy-après, & de quatre autres Maîtres à la nomination dudit Premier Chirurgien ou de ſon Lieutenant ; & quant aux Maîtres appellés Bienfaiteurs, il en ſera uſé à la maniere accoûtumée ; & à l'égard du Greffier, il n'aura point de voix délibérative dans le Conſeil, à moins qu'il ne ſoit l'un des Maîtres élûs pour le Conſeil.

TITRE VII.

De la maniere de faire l'élection du Conseil.

ARTICLE XVII.

AUSSITOT après l'élection des deux Prévôts & du Receveur, & le même jour, les Maîtres de chacune des quatre Classes s'assembleront séparément avec le Lieutenant du Premier Chirurgien de Sa Majesté, les quatre Prévôts & le Receveur en Charge, pour nommer entre les présens, & à la pluralité des suffrages, quatre Maîtres pour le Conseil.

ARTICLE XVIII.

L'un de ces quatre Maîtres sera choisi du nombre des Chirurgiens du Roy, de la Maison & Famille Royale aggregés à la Communauté, ainsi qu'il sera dit cy-après.

ARTICLE XIX.

Deux Maîtres seront pris & élûs entre ceux qui auront passé les Charges, & le quatriéme sera tiré du nombre des jeunes Maîtres, & aura au moins douze années de reception.

ARTICLE XX.

A l'égard des quatre Maîtres qui doivent être

admis en l'Aſſemblée du Conſeil, à la nomination du Premier Chirurgien de Sa Majeſté ou de ſon Lieutenant, ils ſeront nommés le même jour & immediatement après l'élection des ſeize autres Maîtres; mais ſera libre audit Premier Chirurgien, ou à ſon Lieutenant, de les choiſir indifferemment de toutes les Claſſes, quand même ils ne ſeroient pas preſens à l'élection.

ARTICLE XXI.

Lorſque la place de l'un des ſeize Maîtres vacquera par mort, longue abſence, ou autrement, elle ſera remplie à la nomination du Conſeil de ladite Communauté.

ARTICLE XXII.

Les Maîtres du Conſeil s'aſſembleront tous les Mercredis de chaque ſemaine, pour déliberer ſur les affaires communes, police & diſcipline des Maîtres, des veuves des Maîtres, des Aſpirans, & de tous ceux qui ſeront aggregés ou ſoumis à la Communauté; mais s'il ſurvient des affaires urgentes, les Maîtres du Conſeil s'aſſembleront extraordinairement ſur les billets du Premier Chirurgien du Roy ou de ſon Lieutenant, au jour & à l'heure qu'il aura indiqué; & ce qui ſera arreſté par le Conſeil, à la pluralité des ſuffrages, ſera executé comme s'il avoit été déliberé dans toute la Communauté, à la reſerve des emprunts & obligations pour deniers, qui ne pourront être déliberés ni reſolus, que dans une Aſſemblée generale, où tous les Maîtres ſeront mandés.

ARTICLE XXIII.

Lorſque les Maîtres, les Veuves des Maîtres, les Aſpirans, Apprentifs, Serviteurs, & tous autres aggregés ou ſoumis à ladite Communauté, ſeront mandés par le Lieutenant du Premier Chirurgien du Roy, & par les quatre Prévôts en Charge, pour ſe trouver aux aſſemblées du Conſeil, ils ſeront tenus de s'y rendre, & faute de le faire, ils ſeront condamnés en telle amende & autres peines qu'il appartiendra, ſur l'avis & rapport du Conſeil, ainſi qu'il ſera eſtimé juſte & convenable par le Prévôt de Paris ou ſon Lieutenant Général de Police.

TITRE VIII.

Des prérogatives, immunités, droits & fonctions de la Communauté des Maîtres Chirurgiens Jurés de Paris

ARTICLE XXIV.

CEux qui exerceront purement & ſimplement l'Art de Chirurgie, ſeront reputés exercer un Art liberal, & jouïront de tous les privileges attribués à tous les Arts liberaux.

ARTICLE XXV.

Ladite Communauté des Maîtres Chirurgiens de

de Paris, ſera confirmée dans la poſſeſſion immémoriale où elle eſt, & il luy ſera concedé de nouveau, & en tant que beſoin, le droit de porter pour Armoirie, d'azur à trois boëttes d'or, deux en chef & une en pointe, avec une fleur de lys d'or en abiſme, conformement à l'écuſſon peint en cet endroit.

ARTICLE XXVI.

Les Maîtres reçûs & admis dans ladite Com-

munauté pourront ſe faire aggreger dans les autres Villes du Royaume, telles qu'ils voudront choiſir, pour joüir des mêmes honneurs, entrées, émolumens & prérogatives que les autres Maîtres de ladite Communauté des Chirurgiens qui y ſont établis, ſans être obligés de faire nouvelle experience, ni de payer aucuns droits que celuy de la bourſe commune.

ARTICLE XXVII.

Les Maîtres de la Ville de Paris ainſi reçûs dans les autres Villes, auront rang parmy les Maîtres Chirurgiens d'icelles, & ſeront inſcrits dans leurs Catalogues du jour qu'ils auront été reçûs dans la Communauté des Maîtres Chirurgiens de Paris, ſans que les Maîtres des autres Villes du Royaume puiſſent prétendre le même droit à leur égard ; Pourront néanmoins les Maîtres reçus dans les Villes où il y aura Parlement & Archevêché, qui auront vingt années de reception dans leur Communauté, & qui auront pratiqué la Chirurgie avec reputation, dont ils rapporteront atteſtations du ſieur Procureur Général du Parlement, enſemble des Lieutenans Généraux de Police, Maires, Echevins ou Conſuls deſdites Villes, ſe faire aggreger dans la Communauté des Maîtres Chirurgiens de Paris ; en faiſant la legere experience, & payant les droits portés par l'article 123. cy-après ; mais ils ne ſeront inſcrits dans les Catalogues, & n'auront rang dans ladite Communauté que du jour qu'ils y auront été aggregés.

Il eſt ordonné par ledit Arrêt, que le ſuſdit Article 27. n'aura lieu que pour les Villes où il y aura Parlement & Archevêché conjoinment.

ARTICLE XXVIII.

Le Lieutenant du Premier Chirurgien du Roy & les quatre Prévôts en Charge nommeront de mois en mois deux d'entre leſdits Maîtres, un ancien de reception & un jeune, qui ſeront choiſis à tour de rôles, pour ſe trouver au grand Bureau des Pauvres, en la maniere accoûtumée, & y viſiter gratuitement les pauvres malades, donner par écrit leurs certificats & leur avis ſur la qualité des maladies qui doivent être traitées par les ſoins des Commiſſaires dudit grand Bureau, ſur leurs beſoins plus ou moins preſſans, & même ſur l'état des convaleſcens ; à l'effet de quoy le Chirurgien qui ſera prépoſé à la conduite & au traitement deſdites maladies, repreſentera les convaleſcens aux Chirurgiens viſiteurs, qui lui en délivreront des certificats : & en conſidération des ſervices que tous les Maîtres de ladite Communauté doivent rendre chacun à leur tour auſdits pauvres malades, il plaira à Sa Majeſté de les diſpenſer de tous guets & gardes, recettes & commiſſions publiques, de Police, de Ville & de Paroiſſe, & d'avoir l'évocation de leurs cauſes, en premiere Inſtance, pardevant le Prévôt de Paris.

ARTICLE XXIX.

Les Maîtres de ladite Communauté, les Veuves des Maîtres, les Matrones qui auront été reçûës à Saint Cosme, & tous autres qui auront été approuvés par le premier Chirurgien du Roy ou son Lieutenant & les quatre Prévôts en Charge pour éxercer quelque partie de la Chirurgie, payeront chacun à la Communauté, la somme de vingt sols par an, pour le droit de Confrerie; les Maîtres & Veuves des Maîtres payeront encore par chacun an la somme de six livres, & tant les Matrônes que tous autres ainsi approuvés, payeront la somme de quarante sols pour droit de visite, conformement à l'Arrêt du Conseil d'Etat du 6. Avril 1694.

ARTICLE XXX.

Lorsqu'il sera nécessaire de nommer ou choisir un Garçon Chirurgien dans les Hôpitaux de la Ville de Paris, pour y servir les Pauvres en qualité de premier Compagnon, l'on observera qu'il soit d'âge compétent, de bonne vie & mœurs, & qu'il ait servi les Maîtres de ladite Communauté pendant quatre années, & fait apprentissage chés l'un d'iceux; & seront les Compagnons éxaminés par lesdits Lieutenant & Prévôts en Charge, en présence des Gouverneurs & Administrateurs de l'Hôpital, pour le service duquel ils auront été choisis, de l'un des Substituts du Procureur Général en la Cour de Parlement & du Doyen de la Faculté de Medecine, & des Medecins dudit Hôpital, pour y panser les malades durant l'espace de six ans entiers & consécutifs, s'ils ſont jugés ſuffiſans & capables. Ne pourront néanmoins après ledit tems accompli éxercer la Chirurgie ni tenir boutique ouverte dans la Ville & Fauxbourgs de Paris, juſqu'à ce qu'ils ayent été reçûs & aggregés dans la Communauté des Maîtres Chirurgiens, en faiſant la legere expérience, & payant les droits portés par l'Article 122. cy-après; au moyen deſdites receptions, aggregations & payemens, pourront conduire les Aſpirans, avoir voix délibérative & part aux diſtributions, & joüiront des mêmes droits, honneurs & émolumens que les autres Maîtres qui auront fait le Chef-d'œuvre cy-après ordonné.

Il eſt ordonné par ledit Arrêt que l'aggrégation des Chirurgiens des Hôpitaux dont il eſt parlé dans le ſuſdit Article 30. *tant à l'égard de ceux qui ont fini leur tems de ſix années de ſervice, que de ceux qui le finiront cy-après, ſera faite conformement à celle des Chirurgiens des Invalides mentionnés en l'Article* 101. *cy-après.*

ARTICLE XXXI.

Les Maîtres de ladite Communauté continuëront de démontrer publiquement & gratuitement dans leur Amphithéatre, l'Oſtéologie, les Opérations pour les maladies des Os, l'Anatomie, & toutes les Opérations de la Chirurgie, ſans que les Barbiers-Perruquiers ni leurs Garçons puiſſent y entrer, à peine d'amende, ni les Garçons Chirurgiens y aſſiſter avec épées, cannes ou bâtons: Enjoint à eux de s'y comporter avec reſpect, à peine de punition éxemplaire, & d'être procedé extraordinairement contr'eux, ainſi qu'il ſera ordonné pa1 le Prévôt de Paris ou ſon Lieutenant Général de Police.

TITRE IX.

De ceux qui auront droit d'éxercer la Chirurgie dans la Ville & Fauxbourgs de Paris.

ARTICLE XXXII.

AUCUNES perſonnes, de quelque qualité & condition qu'elles ſoient, ne pourront éxercer la Chirurgie dans la Ville & Fauxbourgs de Paris, ſoit en boutique, en chambre, ou autres lieux particuliers, privilegiés ou prétendus privilegiés, pour quelque cauſe & occaſion que ce ſoit, s'ils ne ſont membres de la Communauté des Maîtres Chirurgiens de Paris, & reçûs ou aggregés en icelle par le grand Chef-d'œuvre, ou par l'une des manieres cy-après ordonnées : Défences à tous autres d'éxercer conjointement ou ſéparément quelqu'une des parties de la Chirurgie, ſous telles peines qu'il appartiendra ; pareilles défences ſeront faites à tous Eccleſiaſtiques ſéculiers ou réguliers, Religieux & autres, de faire aucunes inciſions, opérations ni panſemens dans la Ville & Fauxbourgs de Paris ; Et ne pourront les perſonnes non-reçûs, aggregés ni approuvés avoir aucune action pour leurs ſalaires, panſemens, ou medicamens, arrêtés ou non arrêtés, ni leurs raports faire aucune foy en juſtice, nonobſtant tous Arrêts, Brevets, Lettres patentes, Privileges, Edits ou autres titres à ce contraires, qui seront à cet effet révoqués, & il ſera défendu à tous Juges d'y avoir égard.

ARTICLE XXXIII.

Pourront néanmoins les deux Chirurgiens de la Garderobbe éxercer ledit Art dans la Ville & Fauxbourgs de Paris pendant leur vie ſeulement, en payant les droits de Confrerie & de viſite à l'ordinaire, ſans qu'ils puiſſent être ni ſe dire aggregés à ladite Communauté, ſous prétexte deſdits droits payés, & après leur decès leſdites Charges ſeront & demeureront ſupprimées, leſquelles ne pourront être levées, occupées ni remplies. Ne pourront les Veuves deſdits Chirurgiens de la Garderobbe actuellement en Charge, faire exercer ledit Art, ni ſe prévaloir dudit privilege pour quelque cauſe & en quelque maniere que ce ſoit.

ARTICLE XXXIV.

Les Maîtres Chirurgiens reçûs pour les Fauxbourgs de Paris, dans le tems qu'ils étoient ſéparés de la Ville, continuëront eux & leurs veuves à exercer l'Art de Chirurgie, ſans être aggregés à ladite Communauté, ſi bon ne leur ſemble, à condition qu'ils payeront les droits de viſite & de Confrerie, & qu'ils ne pourront lever aucun appareil en occaſion grave & importante, ni faire aucune operation déciſive, ſans y mander un des Maîtres de ladite Communauté pour y être preſent, ſans frais. Seront même leſdits Chirurgiens des Fauxbourgs tenus d'inſerer dans leurs inſcriptions, outre la qualité de Maître Chirurgien Juré, le nom du Fauxbourg pour lequel ils auront eſté reçus ; & au cas que quelques-uns des Maîtres des Fauxbourgs deſirent d'eſtre aggregés, ils ſeront tenus de faire la legere experience, & de payer les droits ordonnés par l'article 123. ci-après, & ce dans ſix mois pour tout délay, à compter du jour de l'enregiſtrement des préſentes.

TITRE X.

Des Aſpirans, & des qualités requiſes pour être admis à la Maîtriſe par le grand Chef-d'œuvre.

ARTICLE XXXV.

NUL ne pourra être reçû Maître dans ladite Communauté, s'il n'eſt de la religion Catholique, Apoſtolique & Romaine.

ARTICLE XXXVI.

Aucun Aſpirant ne ſera admis à faire le grand Chef-d'œuvre, s'il n'eſt fils de Maître de la Communauté

munauté, ou apprentif de Maître, ou s'il n'a servi l'un des Maîtres de la Communauté durant six ans consécutifs, ou plusieurs Maîtres pendant sept années, sans préjudice néanmoins de l'Article 98. cy-après.

ARTICLE XXXVII.

Aucun des Maîtres de la Communauté ne pourra avoir plus d'un apprentif dans le même tems.

ARTICLE XXXVIII.

Défences à tous Chirurgiens qui ne sont Maîtres de ladite Communauté, même à toutes Veuves de Maîtres, d'avoir aucun apprentif ni alloüé, à peine de nullité de l'apprentissage, & de cinquante livres d'amende.

ARTICLE XXXIX.

Les Brevets seront au moins de deux années sans interruption, & seront les Maîtres obligés de les faire enregistrer au Greffe du Premier Chirurgien du Roy dans quinzaine pour tout délay, à peine de nullité du Brevet; & pour chaque enregistrement sera payé par l'apprentif la somme de dix livres au Receveur de ladite Communauté & pour le profit d'icelle, & quatre livres pour le Greffier dudit Premier Chirurgien de Sa Majesté.

ARTICLE XL.

Pourront néanmoins les Maîtres, ou les apprentifs dont les Brevets n'ont pas été enregistrés, les remettre avant le premier Janvier prochain entre les mains du Greffier dudit Premier Chirurgien, qui ſera tenu de les enregiſtrer auſſitôt, moyennant ladite ſomme de quatre livres pour tous droits ; & après ledit délay paſſé, tous Brevets non enregiſtrés demeureront nuls.

ARTICLE XLI.

Les Certificats de ſervice donnés aux Aſpirans ne ſeront valables, s'ils ne ſont de l'un ou de pluſieurs Maîtres de ladite Communauté. Pourront néanmoins les Chirurgiens qui ont été ou qui ſeront aggregés dans ladite Communauté, conformement à l'article 85. donner aux Aſpirans des Certificats valables, quand même les Certificats ſe trouveroient d'une datte anterieure à leur aggregation.

ARTICLE XLII.

Lorſque les Maîtres de ladite Communauté ſerviront dans les Armées, les Certificats qu'ils donneront aux Aſpirans pour une Campagne, leur vaudront pour Certificat d'une année.

ARTICLE XLIII

Entre les Aſpirans, les fils de Maîtres auront le premier lieu, les fils des anciens ſeront préferés aux fils des modernes ; après les fils des Maîtres les apprentifs ſeront reçûs ; & après les apprentifs, les garçons ou ſerviteurs des Maîtres, parmi leſquels ceux qui auront ſervi le plus long-tems ſeront préferés, en rapportant leurs Certificats.

ARTICLE XLIV.

Les Aſpirans ne pourront ſe préſenter à faire le grand Chef-d'œuvre que pendant le mois de Mars, à moins que pour des raiſons particulieres & pour le bien de la Communauté, il n'en fut autrement déliberé par l'avis du Conſeil.

ARTICLE XLV.

Pourront néanmoins les fils de Maîtres, ſe préſenter en tout tems, & ſeront préferés aux autres Aſpirans pour faire leurs Actes, ſans néanmoins que cette préference puiſſe empêcher ni interrompre le cours des ſemaines anatomiques.

ARTICLE XLVI.

Les fils de Maîtres qui aſpireront à la Maîtriſe par le grand Chef-d'œuvre, ne payeront que la moitié des droits ordonnés par l'Article 121. cy-après.

ARTICLE XLVII.

Tous les Aſpirans à la Maîtriſe ſeront obligés d'aſſiſter en habit décent aux cérémonies funebres des Maîtres, & de ſe trouver tous les premiers Lundis de chaque mois à dix heures du matin en l'Egliſe de S. Coſme à Paris, pour entendre le Service Divin que la Communauté fait célébrer & enſuite être préſens à la viſite des Pauvres malades à l'effet d'écrire les avis & conſultations des

Maîtres, le tout à peine de trois livres d'amende applicable à la Confrerie.

ARTICLE XLVIII.

Aucun des Aſpirans ne pourra ſe préſenter à la Maîtriſe ſans être aſſiſté d'un Conducteur que chaque Aſpirant pourra choiſir parmy les Maîtres de la Communauté qui aura aumoins douze années de reception.

ARTICLE XLIX.

Nul Maître ne pourra conduire plus d'un Aſpirant à la fois, & après la conduite faite, il ſera trois années ſans en conduire aucun pour le grand Chef-d'œuvre, mais ſeulement pour l'une des legeres expériences cy-après ordonnées.

ARTICLE L.

Les Conducteurs n'auront voix délibérative ſur le refus ou l'admiſſion d'aucuns Aſpirans, juſqu'à ce que leurs propres Aſpirans ayent été reçûs, ne pourront même les interroger en aucun Acte, ſans que néanmoins ils puiſſent ſe diſpenſer d'être préſens aux Examens où ils doivent avoir diſtribution à peine d'en être privés; & en ce cas la part des abſens reviendra au profit de la Communauté; ce qui ſera obſervé à l'égard de tous les Maîtres abſens, ſans préjudice de l'exécution des Articles 65. & 128. cy-après.

ARTICLE LI.

Si l'Aſpirant ne fait pas ſes opérations & ſes démonſtrations ſuivant les regles, le Conducteur ſera obligé de réparer ſa faute; & en cas que le Conducteur ne puiſſe ſatisfaire, le Conſeil y pourvoira.

ARTICLE LII.

L'Aſpirant ne ſera reçû à faire aucun Acte, ſi ce n'eſt en la préſence de ſon Conducteur, qui ne pourra commettre un autre Maître, à moins qu'il n'en fût diſpenſé par maladie, ou par ſon ſervice actuel auprès du Roy, des Princes & Princeſſes du Sang, même ſera obligé d'accompagner ſon Aſpirant pour porter ſes billets chés tous les Maîtres & Officiers de la Communauté, à l'exception de l'Acte appellé Immatricule, dont les billets ſeront portés par l'Aſpirant ſeul; & en cas que le Conducteur refuſe ou néglige d'être préſent aux Actes de ſon Aſpirant, il y ſera pourvû par le Lieutenant du Premier Chirurgien du Roy, & par les Prévôts en Charge.

TITRE XI.

Des Actes qui compoſent le grand Chef-d'œuvre.

ARTICLE LIII.

LE grand Chef-d'œuvre ſera compoſé d'une Immatricule, d'une Tentative, du premier Examen, des quatre ſemaines, dont la premiere eſt appellée d'Oſtéologie, la ſeconde d'Anatomie, la troiſiéme des Saignées, & la quatriéme des Médicamens; du dernier Examen, & de la preſtation de ferment, ſans que l'ordre en puiſſe être changé.

ARTICLE LIV.

Les Aſpirans qui ſe préſenteront pour ſoûtenir l'Acte d'Immatricule, ſeront obligés de donner au Premier Chirurgien du Roy, ou à ſon Lieutenant, une Requête ſignée d'eux & de leur Conducteur, à laquelle ſeront joints l'Extrait Baptiſtaire & les Certificats de vie, mœurs, religion & ſervices de l'Aſpirant.

ARTICLE LV.

Le Premier Chirurgien du Roy ou ſon Lieutenant, répondra la Requête d'un ſoit *ſoit communiqué* aux Prévôts & Gardes en Charge, pour donner leurs avis par écrit, ſur les qualités de l'Aſpirant; & ſi les Prévôts & Gardes eſtiment qu'elles ſoient ſuffiſantes pour conſentir l'Immatricule, l'Aſpirant pourra porter ſes billets de convocation chés tous les Maîtres, pour ſupplier dans l'Aſſemblée générale qui ſe tient le premier Lundy de chaque mois.

ARTICLE LVI.

Après que la ſupplication de l'Aſpirant aura été admiſe dans l'Aſſemblée, il ſera ſommairement interrogé par les quatre Prévôts en Charge, ſur les principes de la Chirurgie, & cet examen ſommaire ne pourra être differé plus de huit jours après la ſuplication, à peine de nullité de la Requête.

ARTICLE LVII.

Lorſque l'Aſpirant aura été jugé ſuffiſant & capable dans cet examen appellé ſommaire, le Premier Chirurgien de Sa Majeſté ou ſon Lieutenant, ordonnera qu'il ſera immatriculé dans les Regiſtres.

ARTICLE LVIII.

Les mandemens ou billets ſervans à convoquer les aſſemblées pour les actes des Aſpirans & l'indication des jours, ſeront délivrés; ſçavoir pour le premier & dernier Examen & pour la preſtation de ſerment, par le premier Chirurgien du Roy ou ſon Lieutenant; & à l'égard de la Tentative & des quatre ſemaines, par le Prévôt de la Claſſe en tour.

ARTICLE LIX.

Les actes de Tentative, du premier Examen, des quatre ſemaines & du dernier Examen, ſeront faits en la maniere accoutumée; ſçavoir en preſence du Premier Chirurgien du Roy, de ſon Lieutenant, des quatre Prévôts, du Receveut & du Greffier, du Doyen de la Communauté & de tous les Maîtres d'une des quatre Claſſes ſeulement, ſans que les Maîtres des autres Claſſes puiſſent y prétendre aucune diſtribution ni voix délibérative, quoiqu'ils y ſoient mandés, & chacune des quatre Classes aura successivement le même droit ainsi qu'il est d'usage.

ARTICLE LX.

A l'égard de l'acte de reception, il sera fait dans l'assemblée generale portée par l'article 15. cy-dessus.

ARTICLE LXI.

Le Doyen de la Faculté de Medecine de Paris & deux Medecins par luy choisis, seront mandés à la Tentative, au premier & dernier Examen, & à la prestation de serment.

ARTICLE LXII.

L'acte de Tentative ne pourra être differé plus de trois mois, à compter du jour de l'Immatricule, à peine de nullité; & les billets de convocation tant pour la Tentative que pour le premier & dernier Examen, seront portés chés les Officiers & les Maîtres de la Classe en tour, neuf jours avant celuy qui aura été indiqué à l'Aspirant.

ARTICLE LXIII.

Quant aux actes des quatre semaines & pour la reception, les billets pourront être portés la veille ou le jour même, suivant la necessité.

ARTICLE LXIV.

Les interogats de la Tentative seront faits du moins par treize Maîtres de la Classe en tour, à commencer

commencer par le dernier reçû, & les douze autres Examinateurs ſeront tirés au ſort par le Premier Chirurgien du Roy ou ſon Lieutenant, immediatement avant l'éxamen, & en préſence de l'Aſſemblée.

ARTICLE LXV.

Les interrogats du premier éxamen ſe feront par neuf Maîtres au choix du premier Chirurgien du Roy ou de ſon Lieutenant, & au dernier éxamen par douze Maîtres pour le moins, leſquels ſeront tirés au ſort par ledit Premier Chirurgien ou ſon Lieutenant en préſence de l'aſſemblée, dans leſquels actes de premier & dernier éxamen ledit Premier Chirurgien ou ſon Lieutenant interrogera le premier; & ſi quelques Maîtres du nombre de ceux qui auront été par luy choiſis pour interroger dans le premier éxamen, ſe trouvoient abſens, ledit Premier Chirurgien ou ſon Lieutenant pourra choiſir d'autres Examinateurs entre les préſens indifferemment dans toutes les Claſſes auſquels ſera donné la part de ceux qu'ils auront remplacés; ce qui ſera pareillement obſervé à l'égard des quatre Prévôts en Charge qui ſe trouveront abſens dans les actes des quatre ſemaines, & en ce cas les Maitres qui interrogeront en l'abſence des Prévôts, auront au moins douze années de reception.

ARTICLE LXVI.

Lorſqu'un Aſpirant voudra ſubir le premier & dernier éxamen, il ſera tenu de faire ſa ſoumiſſion dans l'aſſemblée appellée le Conſeil, accompagné de ſon Conducteur ; ce fait, les Prévôts en feront mention dans les billets de convocation qu'ils envoiront pour l'Aſſemblée générale du premier Lundi du mois, auquel jour l'Aſpirant fera ſa ſupplication.

ARTICLE LXVII.

Après que la ſupplication de l'Aſpirant aura été admiſe, il ſe retirera pardevant le Premier Chirurgien du Roy ou ſon Lieutenant, pour luy demander jour à l'effet du premier éxamen, que l'Aſpirant ſubira dans la forme preſcrite par l'article 65. cy-deſſus.

ARTICLE LXVIII.

A l'égard du dernier éxamen appellé général ou de rigueur, après la ſupplication faite en l'aſſemblée générale, l'Aſpirant ſe pourvoira pardevant le Prévôt de la Claſſe en tour, qui luy donnera le billet appellé mandement, afin que chacun des Maîtres de la même Claſſe l'interroge en particulier, à l'effet de quoy l'Aſpirant les ira viſiter ſeparément dans leurs maiſons, & leur portera le mandement du Prévôt, qui le ſigneront ſi l'Aſpirant le merite.

ARTICLE LXIX.

Le billet ou mandement ainſi ſigné par le Prévôt en tour & par le plus grand nombre des Maîtres de ſa Claſſe, ſera rapporté par l'Aſpirant au Premier Chirurgien du Roy ou ſon Lieutenant, lequel en ce cas lui donnera jour au bas de ſa Requête pour ſubir le dernier éxamen ; & ſi le *mandatum* rapporté par l'Aſpirant ne ſe trouve ſigné du plus grand nombre des Maîtres de la Claſſe en tour, ſa Requête ſera rejettée.

ARTICLE LXX.

Les quatre ſemaines du Chef-d'œuvre ſeront faites entre le premier & le dernier éxamen.

ARTICLE LXXI.

Les Aſpirans qui voudront entrer en ſemaine, préſenteront leur Requête au Premier Chirurgien du Roy ou à ſon Lieutenant, qui ſera réponduë d'un *ſoit communiqué* aux Prévôts en Charge ; & ſeront toutes les Requêtes, tant pour le grand Chef-d'œuvre, les legeres expériences, que pour les Sages-femmes, dreſſées par le Greffier du Premier Chirurgien du Roy.

ARTICLE LXXII.

Les Interrogats des quatre ſemaines du Chef-d'œuvre ſeront faits par les quatre Prévôts en Charge, en commençant par la ſemaine d'Oſtéologie, pendant laquelle chaque Aſpirant ſoûtiendra deux Actes en deux jours ſéparés, dont l'un ſera ſur la démonſtration du Squelette, & l'autre ſur toutes les opérations néceſſaires pour guérir les maladies des Os.

ARTICLE LXXIII.

Après la ſemaine d'Oſtéologie ſuivra celle d'Anatomie, pour laquelle aucun Aſpirant ne pourra ſe préſenter que depuis le premier Novembre juſqu'au dernier jour de Mars, lequel délay le Conſeil de la Communauté pourra néanmoins proroger juſqu'à la fin d'Avril, ſi la ſaiſon le permet.

ARTICLE LXXIV.

La ſemaine d'Anatomie ne ſe pourra faire que ſur un Cadavre humain, lequel ſera préalablement viſité par deux Maîtres de la Claſſe en tour choiſis & nommés par le Prévôt.

ARTICLE LXXV.

Chaque ſemaine d'Anatomie ſera compoſée de ſix jours & demi conſécutifs pendant leſquels l'Aſpirant travaillera ſoir & matin; ſçavoir le matin pour les opérations de la Chirurgie, & le ſoir ſur toutes les parties de l'Anatomie.

ARTICLE LXXVI.

La troiſiéme ſemaine eſt celle des Saignées, pendant laquelle chaque Aſpirant ſoûtiendra deux Actes à deux differens jours, tant ſur la théorie que ſur la pratique des Saignées.

ARTICLE LXXVII.

La quatriéme & derniere ſemaine eſt appellée des Médicamens, pendant laquelle chaque Aſpirant ſera obligé de ſoûtenir encore deux Actes à deux differens jours ; le premier ſur les Médicamens ſimples, & le ſecond ſur les Médicamens composés.

ARTICLE LXXVIII.

Dans & pendant le cours des quatre ſemaines, l'Aſpirant fera en préſence de l'Aſſemblée, les appareils & les Médicamens ſur leſquels il ſera interrogé, & la moitié des Médicamens ſera miſe dans une armoire à S. Coſme, ſous deux clefs, dont l'une ſera donnée au Premier Chirurgien du Roy ou à ſon Lieutenant, & l'autre à l'Ancien des Prévôts, pour être diſtribuée gratuitement aux pauvres malades, les premiers Lundis de chaque mois.

ARTICLE LXXIX.

Le Prévôt de la Claſſe en tour, interrogera le premier dans les Actes des quatre ſemaines ; & néanmoins le Premier Chirurgien du Roy ou ſon Lieutenant recueillera les voix, & y conclura ainſi que dans tous les autres Actes.

ARTICLE LXXX.

Dans le dernier Acte appellé de Reception, ou de preſtation de ferment, le Premier Chirurgien du Roy ou ſon Lieutenant propoſera à l'Aſpirant tel nombre de queſtions qu'il jugera à propos, & l'interrogera ſur telle maladie dont il voudra que l'Aſpirant faſſe ſon rapport par écrit, à quoy l'Aſpirant ſatisfera ſur le champ, & fera lecture de ſon rapport dans l'Aſſemblée générale ; enſuite de quoy il prêtera le ſerment accoûtumé, entre les mains dudit Premier Chirurgien ou de ſon Lieutenant, & en leur abſence, entre les mains du Prévôt de la Claſſe qui étoit en tour lorſque l'Aſpirant a ſubi ſon dernier éxamen.

TITRE XII.

Des Receptions qui ſe feront par la legere Expérience.

ARTICLE LXXXI.

AUCUN Chirurgien ne pourra être reçû dans ladite Communauté, ni aggregé par la legere expérience, ſous quelque prétexte que ce ſoit, s'il n'eſt compris dans les Articles 27. 30. & 34. cy-deſſus, & dans l'Article 105. cy-après ; & ſera ladite legere expérience composée de deux éxamens faits en deux jours différens, dont le premier ſera ſur la Théorie, & le ſecond ſur les Opérations, dans leſquels éxamens, le Premier Chirurgien du Roy ou ſon Lieutenant & les quatre Prévôts en Charge, interrogeront en préſence du Doyen de la Faculté de Medecine, de deux Medecins par lui nommés, & de l'Aſſemblée générale, le tout néanmoins ſans préjudicier à l'Article 96. cy-après.

Le chifre 30. mentionné dans le susdit article 81. est supprimé par le susdit Arrest, à cause de la modification de l'article 30.

ARTICLE LXXXII.

Les Aspirans qui se présenteront pour faire la legere expérience, seront tenus de garder les mêmes formalités prescrites par les articles 54. 55. 56. & 57. cy-dessus, à l'exception neanmoins de la supplication dans l'Assemblée générale qu'ils ne seront pas obligés de faire.

ARTICLE LXXXIII.

Le Premier Chirurgien du Roy ou son Lieutenant indiquera les jours de l'un & de l'autre éxamen, & donnera ses billets de convocation aux Aspirans, qui seront tenus de les porter chez le Doyen de la Faculté de Medecine, les quatre Prévôts, le Receveur en Charge, le Greffier & le Doyen de la Communauté seulement.

ARTICLE LXXXIV.

Immediatement après le susdit éxamen, & le jour même qu'il aura été subi, l'Aspirant prétera le serment entre les mains du Premier Chirurgien du Roy ou de son Lieutenant, & en leur absence par devant l'ancien Prévôt en Charge, sans aucune autre formalité.

TITRE XIII.

De ceux qui peuvent être aggregés dans la Communauté.

ARTICLE LXXXV.

SEront unis & aggregés à ladite Communauté les Chirurgiens du Roy, ceux de la Maiſon & Famille Royale, les quatre Barbiers-Chirurgiens ſuivans la Cour, à la nomination du Grand Prévôt, fixés & reſervés par les Arrêts du Conſeil d'Etat des quatre Août 1668. premier Juin & quatre Septembre 1669. comme auſſi ceux de feuë Madame la Dauphine & de Madame la Ducheſſe de Bourgogne, créés de la qualité que deſſus depuis les ſuſdits Arrêts, enſemble les huit Chirurgiens ſervans en la grande Artillerie, créés & fixés par l'Arrêt du Conſeil du ſept Janvier 1673. & la Déclaration du 20. Février 1677. Tous leſquels Chirurgiens ainſi aggregés à ceux de S. Coſme, ne feront qu'un ſeul & même Corps avec ladite Communauté, ſans en pouvoir être diſtraits & déſunis pour quelque cauſe & occaſion que ce ſoit; & feront les uns & les autres ſoûmis aux préſens Statuts, régis par les mêmes regles, & ſujets à la même Police.

ARTICLE LXXXVI.

Pour parvenir à cette aggregation, leſdits Chirurgiens

rurgiens Officiers présenteront au Premier Chirurgien du Roy ou à son Lieutenant, leur Requête conjointement ou séparément, & ils y joindront leurs Provisions & prestation de serment.

ARTICLE LXXXVII.

Le Premier Chirurgien du Roy ou son Lieutenant répondra cette Requête d'un *soit communiqué* aux Prévôts en Charge, à la maniere ordinaire, lesquels donneront leur consentement, & sera donné jour ausdits Chirurgiens Officiers par ledit Premier Chirurgien ou son Lieutenant, à l'effet de prêter serment dans l'Assemblée générale, sans aucun éxamen ni supplication; & payeront chacun pour leur aggregation la somme de trois cens livres, qui sera employée conformément à l'Article 124. cy-après.

ARTICLE LXXXVIII.

Le Doyen de la Faculté de Médecine sera présent ausdites aggregations, avec deux Docteurs adjoints.

ARTICLE LXXXIX.

Ceux des Chirurgiens Officiers qui ont déjà été aggregés à ladite Communauté, & les susdits Chirurgiens Officiers compris dans l'Article 85. cy-dessus, qui se feront aggreger dans trois mois, à compter du jour de l'enregistement des Présentes, auront rang dans ladite Communauté conformement à l'Article 8. cy-dessus, & seront inscrits dans les Catalogues du jour & datte des Provisions sur lesquelles ils auront été reçûs, & néanmoins les quatre Barbiers-Chîrurgiens suivant la Cour, à la nomination du Grand Prévôt, ne seront inscrits dans les Catalogues, & n'auront rang dans la Communauté que du jour qu'ils auront été aggregés à ladite Communauté ; & après ledit délay, tous les Chirurgiens Officiers réservés sans distinction qui se présenteront pour être aggregés pendant les trois mois suivans, n'auront rang dans ladite Communauté, & ne seront inscrits dans les Catalogues que du jour de leur aggregation, à laquelle ils ne pourront plus être admis après ledit délay ; & ne pourront eux ni leurs Veuves éxercer ni faire éxercer la Chirurgie, ou partie d'icelle, dans la Ville & Fauxbourgs de Paris, sous quelque prétexte que ce soit, nonobstant tous Privileges à ce contraires, ausquels Sa Majesté sera très-humblement suppliée de déroger ; le tout sans préjudicier à l'Article 12. cy-dessus.

ARTICLE XC.

Ceux qui seront pourvûs à l'avenir des Charges de la qualité cy-dessus, seront obligés de se faire aggreger dans ladite communauté six mois après la datte de leurs Provisions, sans qu'ils puissent tenir boutique, jusqu'à leur aggregation.

ARTICLE XCI.

Ceux qui n'auront pas été aggregés pendant ce délay, seront déchûs pour toûjours du droit d'éxercer ou de faire éxercer la Chirurgie ni partie d'icelle dans la Ville & Fauxbourgs de Paris.

ARTICLE XCII.

Les Chirurgiens Officiers, non encore pourvûs qui se présenteront pour être aggregés à la Communauté, donneront leur Requête au Premier Chirurgien du Roy ou à son Lieutenant, après qu'eux & leurs Conducteurs l'auront signée, & ils y joindront leurs Provisions & prestation de serment en forme ; ce fait, ledit Premier Chirurgien ou son Lieutenant répondra cette Requête, donnera jour & délivrera les billets aux Aspirans ; le tout dans la forme prescrite par les articles 94. 95. & 96. cy-après

ARTICLE XCIII.

Les Chirurgiens Officiers non encore pourvûs consigneront entre les mains du Receveur, la somme de six cens livres, qui sera distribuée ainsi qu'il est portée par l'article 125. cy-après.

ARTICLE XCIV.

Lorsque la Requête de chaque Chirurgien Officier aura été réponduë & communiquée aux Prévôts en Charge, pour y donner leur consentement ; ses Provisions & prestation de serment faites en conséquence, seront enregistrées au Greffe du Premier Chirurgien du Roy, ensuite de quoy l'Officier Chirurgien, assisté de son Conducteur, portera ses billets de convocation chés le Doyen de la Faculté, les quatre Prévôts & le Receveur en Charge, le Greffier & le Doyen de la Communauté ; puis il se présentera avec son Conducteur dans la Chambre, au jour & à l'heure qui luy auront été indiqués par le Premier Chirurgien de Sa Majesté ou son Lieutenant.

ARTICLE XCV.

Cette Assemblée sera composée du Doyen de la Faculté de Médecine, de deux Docteurs adjoints, du Premier Chirurgien du Roy & de son Lieutenant, des Prévôts en Charge, du Receveur, du Greffier, & de tous les Maîtres de ladite Communauté.

ARTICLE XCVI.

Les Chirurgiens Officiers non encore pourvûs, feront en présence de l'Assemblée un rapport en forme & par écrit sur l'état d'une maladie qui leur sera exposée par le Premier Chirurgien du Roy ou son Lieutenant, & sur ce seul rapport ils seront reçûs & prêteront le serment en la maniere ordinaire ; ce qui n'aura pas lieu à l'égard des quatre Chirurgiens à la nomination du Grand Prévôt, lesquels seront tenus de subir un seul éxamen tant de théorie que de pratique sur les questions qui pourront leur être proposés par le Premier Chirurgien du Roy ou son Lieutenant & les quatre Prévôts en Charge seulement ; aprés lequel éxamen le même jour en présence de l'assemblée, ils prêteront le serment en la forme ci-deſſus preſcrite, ſans néanmoins qu'ils ſoient tenus de payer de plus grands droits que ceux qui ſont portés par l'article 125. cy-après pour les autres Chirurgiens non encore pourvûs.

ARTICLE XCVII.

Les Chirurgiens Officiers qui ceſſeront d'être pourvûs des mêmes Charges ſur les proviſions deſquelles ils auront été aggregés, ſeront rayés des Catalogues de la Communauté, ne pourront éxercer la Chirurgie dans la Ville & Fauxbourgs de Paris pour quelque titre, cauſe ou occaſion que ce ſoit, s'ils n'ont été revêtus des mêmes Charges; ſçavoir pendant vingt années entieres & conſécutives pour ceux préſentement en Charge, & vingt-cinq ans pour ceux qui n'en ſeront pourvûs qu'après ce Reglement.

ARTICLE XCVIII.

Les Chirurgiens Officiers qui ne ſont point compris dans l'Article 85. cy-deſſus, & qui ſont enregiſtrées à la Cour des Aides, jouiront de la grace qui leur a été accordée par l'Arrêt du Conſeil d'Etat des premier Juin & quatre Septembre 1669. de ſe pouvoir faire recevoir Maîtres en la maniere accoûtumée par le grand Chef-dœuvre, encore qu'ils n'ayent fait aucun apprentiſſage, & en payant la moitié des droits que payent les autres Aſpirans.

ARTICLE XCIX.

Et juſqu'à ce que leſdits Chirurgiens non compris dans le ſuſdit article 85. ci-deſſus ayent fait leur grand Chef-dœuvre, leurs boutiques demeureront fermées, avec déffence de les ouvrir.

ARTICLE C.

Pourront cependant leſdits Particuliers faire la Chirurgie & la barbe dans les chambres hautes où ils feront leur demeure actuelle, ſans qu'ils puiſſent éxercer ailleurs ledit Art & travailler en ſale baſſe, ſous prétexte d'officine ou autrement, ni avoir enſeigne, boëtes ou paletes; mais ſeulement un Tableau, où ſeront inſcrites les qualités qui leur ſeront attribuées par les Proviſions de leurs Charges, & ſans que leurs Veuves ni leurs ſucceſſeurs aux mêmes Charges, puiſſent éxercer la Chirurgie dans la Ville & Fauxbourgs de Paris pour quelque cauſe, & en quelque maniere que ce puiſſe être.

ARTICLE CI.

Les principaux Chirurgiens qui avant le préſent Reglement auront ſervi ſix années conſécutives en l'Hotel Royal des invalides, ſeront obligés de ſe faire aggreger dans la Communauté en la forme & maniere preſcrite par les articles 86. 87. & 88. en payant les droits portés par l'article 124. cy-après : & à l'égard de ceux qui ne finiront leur tems qu'après le préſent Reglement, & qui leur ſuccederont, ils ſeront obligés de ſe faire aggreger dans ladite Communauté, en la forme & maniere preſcrite par les Articles 91. 92. 93. 94. 95. & 96. cy-deſſus, en payant les droits portés par l'Article 125. cy-après.

ARTICLE CII.

Il ſera fait défences à tous Bailleurs-Renoüeurs d'os, aux Experts pour les dents, aux Oculiſtes, Lithotomiſtes, & tous autres éxerçans telle partie de la Chirurgie que ce ſoit, qui ne ſont point compris dans les Etats de la Maiſon Royale, enregiſtrés à la Cour des Aides, d'avoir aucun étalage, ni d'éxercer dans la Ville & Fauxbourgs de Paris aucune de ces parties de la Chirurgie, s'ils n'en ont été jugés capables par le Premier Chirurgien du Roy ou ſon Lieutenant, & par les quatre Prévôts en Charge ; ſçavoir, les Bailleurs & Renoüeurs d'os en faiſant la legere expérience, & payant les droits portés par l'Article 123. cy-après, les Experts pour les dents, Oculiſtes, Lithotomiſtes & autres, ſuivant la forme preſcrite par les Articles 111. & 112. cy-après, ſans que les uns ni les autres puiſſent former un Corps diſtinct & ſéparé, ni prétendre au droit d'être aggregés à la Communauté des Maîtres Chirurgiens, ni prendre d'autres qualités que celle d'Expert pour la partie de Chirurgie ſur laquelle ils auront été reçûs, & payeront néanmoins les droits de Confrerie & & de viſite à l'ordinaire.

TITRE XIV.

Des Experts pour les Bandages des Hernies.

ARTICLE CIII.

CEux qui ont été reçûs par la Communauté des Maîtres Chirurgiens pour la partie de la Chirurgie appellée Herniaire, continuëront à l'éxercer pendant leur vie, en payant les droits de visite & de Confrerie, sans néanmoins qu'ils puissent former une Communauté distincte & séparée; & ne pourront prendre autre qualité que celle portée par leurs Lettres de reception à S. Cosme, ni exposer d'autres étalages que ceux qui conviennent à la Chirurgie Herniaire.

ARTICLE CIV.

Ne pourront aussi lesdits Particuliers, faire aucune opération ni incision, sous quelque prétexte que ce soit; mais feront seulement l'application des Bandages, & en cas qu'il y ait lieu de faire quelque incision, ou que la réduction paroisse difficile, ils n'y pourront appliquer aucun remede, & seront tenus d'appeller avec eux un des Maîtres de la Communauté des Chirurgiens.

ARTICLE CV.

Si néanmoins quelqu'un de ces Particuliers vouloit

vouloit entrer en la Communauté des Maîtres Chirurgiens pour avoir rang parmy eux, il pourra à cet effet se présenter dans quinzaine, à compter du jour de l'enregistrement des présentes, & sera reçû, s'il est jugé suffisant & capable, en faisant la legere experience, & payant les droits ordinaires suivant l'art. 123. cy après; à condition néanmoins que lesdits Particuliers ainsi reçûs, feront leurs soûmissions au Greffe du Premier Chirurgien du Roy, de ne s'entremettre que de la Chirurgie Herniaire, de quoy sera fait mention expresse, non seulement dans leur Acte de reception, mais aussi dans leurs étalages.

Il est ordonné par ledit Arrêt que les soûmissions mentionnées au susdit article 105. seront conformes à celles qui ont déja été faites sur les Registres de la Communauté le 15. Juillet 1698.

ARTICLE CVI.

Et après ledit delay de quinzaine, lesdits Particuliers, ni ceux qui sans être Maîtres Chirurgiens éxerceront à l'avenir cette partie de la Chirurgie, ne pourront être admis dans la Communauté en qualité de Maîtres, ni censés, ni reputés tels; mais seront seulement reçûs en la forme & sur les restrictions qui seront expliquées dans l'article suivant.

ARTICLE CVII.

Ceux qui seront reçûs à l'avenir pour la même fonction, ne pourront prendre la qualité de Chirurgien Herniaire, mais seulement celle d'Expert reçû pour la fabrique, composition & application des bandages pour les Hernies, & seront obligés de se conformer aux articles 103. & 104. cy-dessus, tant pour les incisions, opérations & remedes, que pour leurs étalages; & néanmoins payeront les droits de visites & de Confrairie en la maniere accoutumée.

ARTICLE CVIII.

Ne pourront aucuns Aspirans être admis en ladite qualité d'Expert, s'ils n'ont servi deux années entieres & consecutives chés l'un des Maîtres Chirurgiens, ou chés l'un des Experts qui sont ou qui seront pour lors établis en la Ville & Fauxbourgs de Paris, ou enfin servi plusieurs Maîtres ou Experts pendant trois années; ce qu'ils seront tenus de justifier par des certificats en bonne forme, & par les actes d'entrée chés lesdits Maitres ou Experts, enregistrés au Greffe du Premier Chirurgien du Roy, à peine de nullité.

ARTICLE CIX.

Après que lesdits Aspirans auront servi pendant le tems cy-dessus prescrit, ils se présenteront au Premier Medecin du Roy, pour avoir son consentement, sans lequel ils ne pourront être admis à l'examen.

ARTICLE CX.

Quand ils auront obtenu le consentement du Premier Medecin de Sa Majesté, ils présenteront leur Requête au Premier Chirurgien du Roy ou à ſon Lieutenant, qui la répondra d'un ſoit communiqué aux Prévôts en Charge, & en conſequence, leur donnera jour en la forme ordinaire.

ARTICLE CXI.

L'examen ſera fait par le Premier Chirurgien du Roy ou ſon Lieutenant & les quatre Prévôts en Charge; en préſence du Doyen de la Faculté de Medecine, du Doyen de la Communauté des Chirurgiens, du Receveur en Charge, des deux Prévôts & du Receveur qui en ſortent, & de tous les Maîtres du Conſeil, de deux Maîtres de chacune des quatre Claſſes, qui ſeront choiſis ſucceſſivement & chacun à leur tour, & de deux deſdits Expert auſſi ſucceſſivement.

ARTICLE CXII.

Cet examen ſera compoſé d'un ſeul acte, dans lequel ſeront leſdits Experts interrogés, tant ſur la théorie que ſur la pratique, & payeront les droits portés par l'article 126. cy-après.

TITRE XV.

De la reception des Maîtresses Sages-femmes, & des Jurées Sages-femmes en titre d'Office au Chastelet de Paris.

ARTICLE CXIII.

AUCUNE Aspirante en l'Art des Accouchemens ne sera admise à l'examen pour la Maîtrise si elle n'est de bonne vie & mœurs, de la religion Catholique, Apostolique & Romaine, fille de Maîtresse de la Ville & Fauxbourgs de Paris, ou apprentisse; sçavoir de trois années chés l'une des Maîtresses Sages-femmes de Paris, ou de trois mois à l'Hôtel-Dieu, & seront les Aspirantes de l'une & de l'autre qualité, conduites & presentées par les Jurées Sages-femmes du Chastelet, qui ne pourront prendre aucun droit d'instruction, s'il n'en est convenu par écrit avec les Aspirantes.

ARTICLE CXIV.

Les Brevets d'apprentissage qui se feront pour trois ans chés les Maîtresses Sages-femmes de Paris, seront enregistrés au Greffe du Premier Chirurgien du Roy, dans la quinzaine de leur passation, à peine de nullité; & à l'égard des apprentisses de l'Hôtel-Dieu, elles se présenteront à la Maîtrise, sur un simple certificat des Administrateurs, qui ſera atteſté par la Maîtreſſe & principale Sage-femme de l'Hôtel-Dieu.

ARTICLE CXV.

Les Aſpirantes de toutes qualités préſenteront leurs Requêtes au Premier Chirurgien du Roy ou à ſon Lieutenant, ſignées d'elles & de l'une des quatre Jurées Sages-femmes en titre d'Office qui ſera de tour, à laquelle ſeront joints leur Extrait baptiſtaire, certificat de leur vie & mœurs, leur Brevet d'apprentiſſage, leur Contract de mariage ou l'acte de celebration d'iceluy (ſi elles ne ſont filles) & tant les unes que les autres ſeront au moins de l'âge de vingt ans.

ARTICLE CXVI.

Si la Jurée, Sage-femme étoit refuſante de ſigner la Requête & d'aſſiſter l'Aſpirante à ſes éxamens, elle ſera renvoyée au plus prochain jour, pour être reçûë dans l'Aſſemblée de la Communauté des Chirurgiens, tant en préſence qu'abſence de la Jurée, en raportant l'Acte de ſommation qui luy aura été ſignifiée à la requête de l'Aſpirante.

ARTICLE CXVII.

La Requête ſera réponduë par le Premier Chirurgien du Roy ou ſon Lieutenant, d'un ſoit communiqué aux Prévôts en Charge, pour y donner leur conſentement, après quoy l'Aſpirante ſera tenuë de ſe repreſenter à S. Coſme au jour

& à l'heure que ledit Premier Chirurgien du Roy ou ſon Lieutenant luy aura donné pour ſon examen, & de faire avertir par le Clerc de la Communauté ceux qui doivent y être préſens.

ARTICLE CXVIII.

L'éxamen de chaque Aſpirante ſe fera ſeulement par le Premier Chirurgien du Roy ou ſon Lieutenant, les quatre Prévôts en Charge, les quatre Chirurgiens & les quatre Jurées Sages-femmes du Châtelet, en préſence du Doyen de la Faculté de Médecine; des deux Médecins du Châtelet, du Doyen de la Communauté, & des huit Maîtres; ſçavoir du Receveur en Charge, des deux Prévôts & du Receveur qui en ſortiront nouvellement, de deux Maîtres du Conſeil & de deux Maîtres de la Claſſe en tour, chacun à ſon rang & les Aſpirantes qui auront ſubi cet examen, & y auront été jugées ſuffiſantes & capables, ſeront reçuës ſur le champ, au ſerment ordinaire, par le Premier Chirurgien de ſa Majeſté ou ſon Lieutenant, en payant les droits ſpécifiés en l'article 127. cy-après.

ARTICLE CXIX.

Aucune Sage-femme ne pourra exercer ledit Art; ni être pourvûë de l'une des Charges de Jurées en titre d'Office du Châtelet de Paris, ſi elle n'a été reçûë à S. Coſme, en la forme cy-deſſus preſcrite.

ARTICLE CXX.

Les Jurées Sages-femmes en titre d'Office du Châtelet qui se feront nouvellement pourvoir, seront tenuës de présenter leurs Provisions au Premier Chirurgien du Roy ou à son Lieutenant, qui les communiquera aux Prévôts en Charge, pour consentir l'enregistrement qui en sera fait au Greffe du Premier Chirurgien du Roy, en la maniere accoûtumée.

TITRE XVI.

Des Droits qui seront payés pour les Réceptions & Aggregations de toutes les espéces.

ARTICLE CXXI.

Droits pour le grand Chef-d'œuvre.

AU Premier Chirurgien du Roy ou à son Lieutenant pour répondre la Requête, quatre livres.

Au Greffier, quarante sols.

Audit Premier Chirurgien, à son Lieutenant, aux quatre Prévôts, au Receveur & au Greffier, pour l'Immatricule, trois livres pour chacun.

TENTATIVE.

Au Prévôt de la Classe en tour pour les billets

de convocation, ſix livres.

Audit Premier Chirurgien, à ſon Lieutenant, & au Prévôt de la Claſſe en tour, douze livres pour chacun.

Aux trois autres Prévôts & au Receveur, ſix livres pour chacun.

Au Greffier, trois livres.

Au Doyen de la Faculté de Medecine de Paris, & aux deux Medecins, trois livres pour chacun.

A chacun des Maîtres de la Claſſe en tour, quarante ſols.

PREMIER EXAMEN.

Audit Premier Chirurgien ou à ſon Liutenant pour répondre la Requête, quatre livres.

Au Greffier, quarante ſols.

Audit Premier Chirurgien ou à ſon Lieutenant, pour les billets de convocation, ſix livres.

Audit Premier Chirurgien, à ſon Lieutenant, au Prévôt de la Claſſe en tour, aux trois autres Prévôts, au Receveur, au Greffier, aux Maîtres de la Claſſe en tour, & aux trois Medecins, pareils droits qu'à la Tentative.

ENTRE'E EN SEMAINE.

Audit Premier Chirurgien ou à ſon Lieutenant pour répondre la Requête, quatre livres.

Au Greffier, quarante ſols.

Aux quatre Prévôts, au Receveur & au Greffier qui inſerera l'acte dans les Regiſtres, trois livres pour chacun.

OSTE'OLOGIE.

OSTE'OLOGIE.

Au Prévôt de la Classe en tour pour les billets de convocation, six livres.

Audit Premier Chirurgien, à son Lieutenant, au Prévôt de la Classe en tour, aux trois autres Prévôts, au Receveur, au Greffier & aux Maîtres de la Classe en tour, pareils droits qu'en la Tentative.

ANATOMIE.

Au Prévôt de la Classe en tour pour les billets de convocation, six livres.

Audit Prévôt pour son assistance, vingt-deux livres.

Audit Premier Chirurgien, à son Lieutenant, aux trois autres Prévôts, au Receveur, onze livres pour chacun.

Au Greffier, cinq livres dix sols.

A chacun des Maîtres de la Classe en tour, trois livres.

SAIGNE'ES.

Audit Premier Chirurgien, à son Lieutenant, au Prévôt de la Classe en tour, aux trois autres Prévôts, au Receveur, au Greffier & aux Maîtres de la Classe en tour, pareils droits qu'en la Tentative.

ME'DICAMENS.

Semblables droits qu'en la Tentative.

DERNIER EXAMEN

Pareils droits qu'au premier examen.

RE'CEPTION.

Audit Premier Chirurgien, ou à ſon Lieutenant, pour les billets de convocation, ſix livres.

Audit Premier Chirurgien, à ſon Lieutenant, aux quatre Prévôts, au Receveur, & au Greffier huit jettons d'argent pour chacun, deux paires de gants, l'une ſimple & l'autre garnie.

Au Doyen de la Faculté de Medecine & aux deux autres Medecins, trois livres pour chacun & deux paires de gants, l'une ſimple & l'autre garnie.

Pour les droits de la Faculté de Medecine, trois livres douze ſols ſix deniers.

A chacun des Maîtres, deux jettons d'argent.

Chaque Aſpirant ſera tenu de mettre dans la bourſe commune, & pour les affaires de la Communauté, la ſomme de trois cens livres; ſçavoir cent cinquante livres avant ſon Immatricule, & les autres cent cinquante livres, avant la ſemaine d'Anatomie. Le Receveur de la Communauté luy donnera un reçû à chaque acte de la ſomme qui lui aura été conſignée, & ne ſera tenu de faire aucune autre dépenſe ni feſtins pendant le cours du Chef-d'œuvre.

ARTICLE CXXII.

Droits pour la legere expérience.

Au Premier Chirurgien du Roy ou à ſon Lieutenant pour répondre la Requête, quatre livres.

Au Greffier, quarante ſols.

Audit Premier Chirurgien, à ſon Lieutenant, aux quatre Prévôts, au Receveur & au Greffier, pour l'Immatricule, ſix livres pour chacun.

Audit Premier Chirurgien ou à ſon Lieutenant pour les billets de convocation, ſix livres.

Au Doyen de la Faculté de Medecine & aux deux Docteurs adjoints, trois livres pour chacun & deux paires de gants; l'une ſimple & l'autre garnie.

Pour les droits de la Faculté de Medecine, trois livres douze ſols ſix deniers.

Audit Premier Chirurgien, à ſon Lieutenant, ſeize jettons d'argent pour chacun & deux paires de gants, l'une ſimple & l'autre garnie.

Aux quatre Prévôts, au Receveur & au Greffier, huit jettons d'argent pour chacun, deux paires de gants, l'une ſimple & l'autre garnie.

A chacun des Maîtres du Conſeil, trois jettons d'argent.

A tous les autres Maîtres, chacun deux jettons d'argent.

Pour la bourſe commune, & les affaires de la Communauté, cent cinquante livres.

ARTICLE CXXIII.

Les Chirurgiens ſpécifiés par les articles 27. 34. 102. & 105. pour être reçûs ſur la legere expérience, payeront audit Premier Chirurgien du Roy, à ſon Lieutenant, aux Prévôts, au Receveur, au Greffier & aux Maîtres, le double des droits & des jettons portés par l'article 122. cy-deſſus, & feront les jettons payables par leſdits Aſpirans ou aggregés, du poids de trente-ſix à trente-huit au marc.

Droits que doivent payer les Chirurgiens Officiers du Roy, Maiſon & Famille Royale qui ſont préſentement revêtus de Charge.

ARTICLE CXXIV.

Sur les trois cens livres conſignées ès mains du Receveur de la Communauté, ſuivant l'article 87. par chacun des Officiers préſentement pourvûs de Charge, ſera diſtribué,

Au Premier Chirurgien du Roy ou à ſon Lieutenant pour répondre la Requête, quatre livres.

Audit Premier Chirurgien ou à ſon Lieutenant pour les billets de convocation, ſix livres.

Audit Premier Chirurgien & à ſon Lieutenant pour leurs droits, vingt livres pour chacun.

Au Doyen de la Faculté de Medecine, & à deux Docteurs adjoints, trois livres pour chacun.

Pour les droits de la Faculté de Medecine, trois livres douze ſols ſix deniers.

Aux quatre Prévôts, au Receveur & au Greffier, quatorze livres pour chacun.

Aux Maîtres de l'une des quatre Claſſes en tour, deux livres pour chacun, à l'exception néanmoins deſdits Chirurgiens à préſent en Charge, qui ſeront reçûs cy-après par aggregation, qui ne pourront prétendre aucuns émolumens pour raiſon de ſemblables aggregations, pendant le délay de ſix mois.

Le reſtant deſdits trois cens livres ſera mis en la bourſe commune pour les affaires de la Communauté.

Droits que payeront les Chirurgiens Officiers du Roy, Maiſon & Famille Royale, qui ſeront pourvûs à l'avenir.

ARTICLE CXXV.

Sur les ſix cens livres qui ſeront conſignées ès mains du Receveur de la Communauté par chacun deſdits Officiers, ſera diſtribué,

Au Premier Chirurgien du Roy ou à ſon Lieutenant pour répondre la Requête, quatre livres.

Au Premier Chirurgien ou à ſon Lieutenant pour les billets de convocation, ſix livres.

Audit Premier Chirurgien, à ſon Lieutenant, aux quatre Prévôts, au Receveur & au Greffier, le double des droits portés en l'article 124. cy-deſſus.

Au Doyen de la Faculté de Medecine, & deux Docteurs adjoints, trois livres pour chacun.

Pour les doits de la Faculté de Medecine, trois livres douze ſols ſix deniers.

Au Premier Chirurgien & à ſon Lieutenant,

douze jettons d'argent pour chacun.

Aux quatre Prévôts, au Receveur & au Greffier, six jettons d'argent pour chacun.

A chacun des Maîtres, un jetton d'argent.

Le restant desdits six cens livres sera mis dans la bourse commune, & pour les affaires de la Compagnie.

Droits que doivent payer les Experts pour la fabrication & application des Bandages propres aux Hernies.

ARTICLE CXXVI.

Au Premier Medecin du Roy pour son consentement à l'effet de proceder à l'examen de l'Aspirant sur la fabrique & application des Bandages, vingt-huit livres.

Au Premier Chirurgien de Sa Majesté ou à son Lieutenant pour répondre la Requête, quatre livres.

Au Greffier, deux livres.

Audit Premier Chirurgien, à son Lieutenant, aux Prévôts, au Receveur & au Greffier, en l'Immatricule, six livres pour chacun.

Audit Premier Chirurgien ou à son Lieutenant pour les billets de convocation, six livres.

Au Doyen de la Faculté, six livres.

Audit Premier Chirurgien, à son Lieutenant & au Prévôt en tour, vingt-huit livres pour chacun.

Aux trois autres Prévôts, au Receveur & au Greffier, quatorze livres pour chacun.

Aux Maîtres du Conſeil, trois livres pour chacun.

Aux huit Maîtres ; ſçavoir deux de chaque Claſſe, trois livres pour chacun.

Aux deux Experts en tour, trois livres pour chacun.

Audit Premier Chirurgien & à ſon Lieutenant, douze jettons d'argent pour chacun, & deux paires de gants, l'une ſimple & l'autre garnie.

Aux Prévôts, au Receveur & au Greffier, ſix jettons d'argent pour chacun & deux paires de gants, l'une ſimple & l'autre garnie.

Pour la bourſe commune & affaires de la Communauté, la ſomme de cinquante livres

Droits qui ſeront payés pour la réception des Aſpirantes en l'Art des Accouchemens, qui continuëront d'être conſignés ès mains du Greffier du Premier Chirurgien du Roy.

ARTICLE CXXVII.

Au Premier Chirurgien du Roy ou à ſon Lieutenant, pour répondre la Requête, quatre livres.

Au Greffier, deux livres.

Audit Premier Chirurgien, ou à ſon Lieutenant, pour les billets de convocation, ſix livres.

Au Doyen de la Faculté, trois livres.

Aux deux Medecins du Châtelet, neuf livres douze ſols ſix deniers pour chacun.

Audit Premier Chirurgien & à ſon Lieutenant, ſix livres pour chacun.

Aux quatre Prévôts, au Receveur & au Greffier, trois livres pour chacun.

A chacun des quatre Chirurgiens du Châtelet, neuf livres douze sols six deniers.

A chacune des quatre Jurées Sages-femmes du Châtelet en titre d'Office ; sçavoir pour le droit de présentation à celle qui est en tour, vingt-deux livres, & pour l'assistance tant de celle-là que des trois autres, neuf livres douze sols six deniers.

Au Doyen de la Communauté, aux deux Prévôts & au Receveur qui sortent de Charge, à deux Maîtres du Conseil & à deux Maîtres de la Classe en tour, quinze sols pour chacun.

ARTICLE CXXVIII.

Le Premier Chirurgien du Roy, son Lieutenant, le Doyen de la Communauté, les Chirurgiens de la Maison & Famille Royale, pendant leur service actuel, seront censés présens aux Actes & Examens, & comme tels, auront & recevront les distributions qui leur peuvent appartenir, sans préjudice de l'exécution de l'article 65. cy-dessus.

TITRE XVII.

De la Police générale qui se doit observer dans la Ville & Fauxbourgs de Paris, par tous ceux qui exerceront la Chirurgie, ou partie d'icelle.

ARTICLE CXXIX.

LEs Prévôts en Charge feront leurs visites toutes fois & quantes, tant dans les maisons particulieres, Palais & Hôtels, Colleges & Abbayes, même dans les enclos du Temple, de S. Jean de Latran & en tous autres lieux privilegiés, à la charge de se faire assister par un Commissaire du Châtelet, & de prendre la permission du Prévôt de Paris ou de son Lieutenant Général de Police, & rendront compte desdites visites au Premier Chirurgien du Roy ou à son Lieutenant.

ARTICLE CXXX.

Les Maîtres de ladite Communauté seront obligés d'avertir incessamment les Commissaires de leur quartier, des blessés qu'ils auront pansés en premier appareil; & seront les contrevenans condamnés par le Prévôt de Paris ou son Lieutenant Général de Police, en telle peine qu'il appartiendra.

ARTICLE CXXXI.

Il ſera défendu à tous Maîtres Chirurgiens de conſulter avec d'autres Medecins, que ceux de la Faculté de Paris, les Medecins de Sa Majeſté & ceux de la Famille Royale, qui ont droit de conſulter dans lad. Ville, ni avec d'autres Chirurgiens, que les Maîtres reçûs & admis dans ladite Communauté ; le tout à peine d'amende & d'interdiction.

ARTICLE CXXXII.

Il ſera très-expreſſement défendu tant aux Maîtres de la Communauté, qu'aux Chirurgiens qui ſont ou qui pourront être revêtus de telle Charge & Office que ce ſoit, de lever aucun appareil poſé par d'autres Maîtres, ſi ce n'eſt en leur préſence, ou après une ſommation bien & dûëment faite, à peine d'interdiction & de cinq cens livres d'amende ; & ſeront tenus les Maîtres de répondre & ſatisfaire auſdites ſommations, ſous les mêmes peines.

ARTICLE CXXXIII.

L'ouverture des Cadavres ne pourra être faite que par des Maîtres de la Communauté, & n'y pourra être procedé depuis le premier Avril juſqu'au premier Octobre, que douze heures après la mort, & depuis ledit jour premier Octobre juſqu'au premier Avril, que vingt-quatre heures après. Ceux qui mourront ſubitement ne pourront être ouverts en toute ſaiſon, qu'après vingt-quatre heures pour le moins.

ARTICLE CXXXIV.

Il ſera enjoint, ſur les peines portées par les Ordonnances & Reglemens, à tous Maîtres Chirurgiens qui ſeront appellés pour viſiter les bleſſés ou malades, d'en donner avis aux Curés des Paroiſſes dans leſquelles ils demeureront, ou aux Prêtres par eux prépoſés, auſſi-tôt que leurs maladies ou bleſſures leur paroîtront dangereuſes.

ARTICLE CXXXV.

Les Veuves des Maîtres Chirurgiens qui voudront faire exercer la Chirurgie dans la Ville & Fauxbourgs de Paris, pourront avoir boutique ouverte, ſans être obligées d'y réſider, & ſeront tenuës de préſenter au Premier Chirurgien du Roy ou à ſon Lieutenant & aux Prévôts en Charge, un Garçon qui ſera par eux examiné ſans frais; & s'ils le jugent ſuffiſant & capable, ſon nom ſera inſcrit dans un Regiſtre particulier qui ſera tenu à cet effet par le Greffier dudit Premier Chirurgien auquel ſera payé par ledit Garçon, trente ſols pour ſon enregiſtrement.

ARTICLE CXXXVI.

Les Garçons ainſi agréés, ſeront tenus de ſe préſenter une fois l'an au Bureau de ladite Communauté, acompagnés des Veuves dont ils tiendront les boutiques; ſçavoir depuis le premier jour de Janvier juſqu'au dernier jour de Mars ſuivant, à l'effet d'y faire renouveller leur enregiſtrement, faute dequoy & ledit tems paſſé, ils n'y ſeront plus reçûs, & ne pourront leſdits Garçons, ni les Veuves qui les auront employés tenir Boutique ouverte pendant ladite année; & pour ledit nouvel enregiſtrement, ſera payé audit Greffier pareil droit qu'en l'article 135. cy-deſſus.

ARTICLE CXXXVII.

En cas que le Premier Chirurgien du Roy ou ſon Lieutenant & les quatre Prévôts, eſtiment que les Garçons préſentés par les Veuves, ne doivent point être agréés, ou qu'après l'avoir été pour une année, ils ne conviennent pas de les agréer pour continuer à tenir boutique ſous le nom des mêmes Veuves ou de quelqu'autres, ſoit par impéritie, mauvaiſe conduite ou contravention aux Réglemens, il leur ſera libre de les refuſer, & les Veuves ſeront tenuës de préſenter un autre Garçon un mois après, ſinon les boutiques demeureront fermées; & les Veuves & les Garçons qui contreviendront au préſent article, ſeront condamnés ſolidairement en cinq cens livres d'amende.

ARTICLE CXXXVIII.

Le Premier Chirurgien du Roy & ſon Lieutenant, le Chirurgien Ordinaire de Sa Majeſté & tous les Chirurgiens Officiers compris dans les articles 85. & 89. cy-deſſus, pourront ſeuls faire exercer la Chirurgie dans la Ville & Fauxbourgs de Paris en leur place par tels Garçons que bon leur femblera, fans être obligés à réfidence, fans que fous ce prétexte lefdits Chirurgiens Officiers puiffent tenir deux Boutiques, l'une par eux-mêmes comme Maîtres, & l'autre comme Officiers fous le nom de leurs Garçons préfentés; le tout en obfervant & faifant obferver par leurfdits Garçons les formalités prefcrites par les trois précédens articles, & néanmoins ne feront lefdits Garçons tenus à aucun examen, en rapportant tous les ans un certificat de leurs Maîtres, dont fera fait mention dans l'acte d'enregiftrement.

ARTICLE CXXXIX.

Les Garçons qui en l'abfence & dans la place defdits Officiers Chirurgiens fpécifiés dans le précédent article, tiendront leurs boutiques, ou ceux qui exerceront pour les Veuves, ne pourront prendre dans leurs enfeignes ou étalages, la qualité de Maître Chirurgien Juré, mais feulement les autres marques extérieures de la Profeffion; & ne pourront lefdits Garçons faire aucune opération décifive, ni lever aucun appareil en occafion grave & importante, fans appeller un des Maîtres & prendre fon avis, qu'il fera obligé de lui donner pour la premiere & feconde vifite feulement.

ARTICLE CXL.

Les Garçons qui feront en fervice chés un Maître Chirurgien ou Veuve de Maître, n'en pourront fortir fans un congé par écrit; & en cas qu'ils veüillent entrer chés un Barbier-Perruquier, ils ſeront tenus de déclarer auſſi par écrit au Maître Chirurgien ou à la Veuve de chés qui ils ſortiront, qu'ils renoncent pour toûjours à l'Art de Chirurgie.

ARTICLE CXLI.

Ceux des Garçons Chirurgiens qui ſans avoir fait cette déclaration, ſoit au Greffe du Premier Chirurgien du Roy, ſoit par acte bien & duëment ſignifié, entreront chés les Barbiers-Perruquiers, ne pourront être reçûs Maîtres dans l'une ni dans l'autre Communauté, à peine de nullité de reception, & d'amende.

ARTICLE CXLII.

Les Serviteurs & Garçons qui ſortiront de chés un Maître, ou de chés une Veuve de Maître avec un congé par écrit, ne pourront être reçûs au ſervice d'un autre Maître ou Veuve de Maître, ſi ce n'eſt de l'autre côté des Ponts; & ne pourront entrer au ſervice d'aucun Maître du même côté, ſi ce n'eſt deux ans après qu'ils ſeront ſortis de chés le premier Maître; Et ſeront les Maîtres & Veuves de Maîtres qui auront reçû quelque Garçon & Serviteur au préjudice des défences portées par le préſent article, tenus de les congédier à la premiere requiſition qui leur en ſera faite par les Maîtres ou Veuves de Maîtres dont leſdits Serviteurs auront quitté le ſervice; le tout à peine de deux cens livres d'amende contre chacun Maître ou Veuves de Maîtres qu'ils trouveront en contravention, &

même de punition exemplaire contre les Serviteurs.

ARTICLE CXLIII.

Les Barbiers-Perruquiers qui retiendront à leur ſervice un Garçon ſortant de chés un Maître Chirurgien ou Veuve de Maître au préjudice de la requiſition qui leur ſera faite à la Requête du Maître Chirurgien ou de la Veuve que le Garçon aura quitté ſans un congé par écrit, ſera condamné en deux cens livres d'amende.

ARTICLE CXLIV.

Il ſera très-expreſſement défendu à tous Barbiers-Perruquiers, Baigneurs, Etuviſtes, leurs ſerviteurs, domeſtiques & à tous Garçons Chirurgiens qui ne ſeront point actuellement au ſervice des Maîtres Chirurgiens ou des Veuves, d'exercer l'Art de Chirurgie, ni aucune partie d'icelui, à peine de confiſcation de leurs inſtrumens & uſtenciles, & ſolidairement en cinq cens livres d'amende, même de punition exemplaire en cas de récidive.

ARTICLE CXLV.

Les Sages-femmes ſeront tenuës de mettre leurs noms au bas de leurs enſeignes; défences à elles d'en inſcrire d'autres. Deux ou pluſieurs Sages-femmes ne pourront demeurer dans la même maiſon, ſi ce n'eſt du conſentement de la plus ancienne.

ARTICLE CXLVI.

Les Prévôts en Charge ſeront obligés de donner tous les ſix mois deux Catalogues particuliers ſignés d'eux, qui ſeront expoſés dans la Chambre du Conſeil de la Communauté, dont l'un contiendra les noms & les demeures de tous ceux qui tiendront boutique en vertu des Privileges des Officiers aggregés, avec déſignation expreſſe des noms & qualités deſdits Officiers & Veuves. L'autre contiendra pareillement les noms & les demeures des Sages-femmes & de tous ceux qui exerceront quelque partie de la Chirurgie avec approbation de la Communauté ; & ſeront leſdits Catalogues diſpoſés ſelon les dix-ſept quartiers de Paris.

ARTICLE CXLVII.

Il ſera fait défences à tous Particuliers, Chirurgiens, Soldats ſervans dans les Compagnies des Gardes Françoiſes ou Suiſſes, d'exercer la Chirurgie ou Barberie, ſi ce n'eſt pour les Soldats deſdits Régimens. Leur ſera pareillement fait défence d'avoir des Garçons ni d'autres demeures que celles du quartier de leurs Compagnies ; comme auſſi d'avoir d'autres marques extérieures de Chirurgien & de Barbier, que celle d'un ſeul baſſin attaché à la fenêtre de leur chambre, ſans aucune ſaillie, indication ou autre étalage ; & en cas que leurs logemens ſoient marqués dans une boutique ou ſale baſſe qui ait vûë ſur la ruë, ils ne pourront expoſer au dehors aucuns baſſins, ni avoir à l'ouverture deſdites ſales ou boutiques, aucunes marques extérieures de Barberie & Chirurgie, & ſera ladite ouverture fermée d'un ſimple chaſſis de papier poſé ſur l'appuy

puy & au dedans, avec un ſeul carreau de verre de la grandeur d'un pied en quarré, ſans que leſdits Chirurgiens Soldats puiſſent avoir dans leſdites boutiques, chambres, ou ſales, aucunes portes vitrées, ni que perſonne puiſſe y travailler en leur abſence.

ARTICLE CXLVIII.

Nul ne pourra faire imprimer, afficher ou diſtribuer dans la Ville ou Fauxbourgs de Paris, aucuns remedes dépendans dudit Art, s'il n'en a obtenu la permiſſion du Lieutenant Géneral de Police ſur les certificats du Premier Medecin du Roy, du Doyen de la Faculté de Medecine, du Premier Chirurgien, de ſon Lieutenant, & des quatre Prévôts en Charge ; & ceux qui obtiendront leſdites permiſſions, ſeront tenus d'exprimer dans leurs placards, affiches ou billets, leurs noms & demeures, à peine de cinq cens livres d'amende

ARTICLE CXLIX.

Les Imprimeurs qui imprimeront leſdits placards & billets, ſeront tenus d'y faire mention deſdites permiſſions, & d'exprimer leurs noms & leurs demeures, à peine de pareil amende de cinq cens livres, d'interdiction & de punition exemplaire, tant contre leſdits Imprimeurs, que contre les Afficheurs & Colporteurs.

ARTICLE CL.

Sa Majeſté ſera très-humblement ſuppliée de

déroger à tous les Edits, Déclarations, Status; Arrêts & Réglemens qui pourroient être contraires aux Présentes, lesquelles seront éxecutées de point en point, & à toûjours; & que s'il survient quelques contestations, soit en éxecution du present Réglement, interpretation d'icelles, oppositions, ou sous quelque prétexte que ce soit, tant de la part d'aucuns Maîtres Chirurgiens, ou autres Particuliers, même du Chef de quelqu'autre Communauté, ou de personnes privilegiées & prétenduës telles, même par rapport à l'étenduë de leurs Privileges, soit personnels, soit réels ou de territoire; ordonner que les Parties se pourvoiront en prémiere Instance, pardevant le Prévot de Paris ou son Lieutenant Général de Police, & par appel en la Cour de Parlement de Paris, auquel sera attribué la connoissance, à l'exclusion de toutes Cours & Jurisdictions; Que deffences seront faites aux Chirurgiens du Roy, à ceux de la Maison & Famille Royale, aux Chirurgiens de l'Artillerie, à ceux du Grand Prévôt de France, & à tous autres de quelque qualité & condition qu'ils soient, sous prétexte de Privilege, d'explication ou d'étenduë diceux, litispendence, intervention, connexité ou autrement, de se pourvoir pour raison de ce pardevant tous autres Juges & Cours ausquels la connoissance en sera interdite, à peine de nullité, cassation de procedures, de tous dépens, dommages & interêts, nonobstant tous Edits, Déclarations, Arrêts & Réglemens à ce contraires, ausquels pour cet égard, Sa

Majeſté ſera ſuppliée de déroger expreſſément, ſans néanmoins déroger par ces Préſentes aux droits du Premier Medecin du Roy, à ceux de la Faculté de Medecine de Paris; enſorte qu'à l'avenir les choſes ſe paſſent, pour ce qui regarde ladite Faculté de Medecine, de la même maniere qu'elles ſe paſſoient avant le préſent, ni aux droits du Premier Chirurgien du Roy, de ſon Lieutenant, Greffier & Commis, qui ſeront conſervés dans leur entier, ni empêcher les Chirurgiens Officiers, Maiſon & Famille Royale, de ſe pourvoir pour leurs affaires particulieres, pardevant les Juges à la Juriſdiction deſquels ils ont leurs cauſes commiſes, ainſi qu'ils aviſeront bon être.

ARREST DU CONSEIL D'ESTAT

QUI RENVOYE LE PROJET de cinquante-quatre Articles de nouveaux Statuts, à Monsieur d'Argenſon Lieutenant Général de Police, pour être par lui examinés.

EXTRAIT DES REGISTRES du Conſeil d'Etat.

SUR ce qui a été repréſenté au Roy étant en ſon Conſeil par le Sieur Felix Premier Chirurgien de Sa Majeſté, Chef & Garde des Chartes & Privileges de la Chirurgie & Barberie du Royaume ; Que par le Contrat d'union des Communautés des Chirurgiens & Barbiers de Paris & les Chirurgiens de S. Cosme, du premier Octobre 1655. confirmé & autorisé par Lettres Patentes du mois de May 1656. registrées au Parlement le sept Octobre ensuivant, il est entr'autres choses porté que lesdites Compagnies unies dresseront des Statuts pour les interrogatoires & reception des Maîtres, tels qu'ils aviseront bon être, qui seront compilés des anciens Statuts de l'une & de l'autre Compagnie; ce qui est demeuré sans exécution jusqu'à présent: Et comme il est absolument nécessaire & indispensable de remettre le bon ordre & une discipline exacte dans ces deux Corps, il a été dressé un projet de Statuts, contenant 54. Articles, qu'il plaira à Sa Majesté de faire examiner par telles personnes qu'elle estimera à propos: OUY le rapport, & tout considéré. **LE ROY EN SON CONSEIL**, a renvoyé & renvoye le Projet desdits Articles de Statuts, au Sieur d'Argenson Lieutenant Général de Police, pour les examiner avec telles personnes qu'il estimera à propos, & donner ensuite son avis sur chacun d'iceux; pour icelui vû & rapporté à Sa Majesté être par Elle ordonné ce qu'il appartiendra. FAIT au Conseil d'Etat du Roy, Sa Majesté y étant, tenu à Fontainebleau le sixiéme jour de Novembre mil six cens quatre-vingt-dix-huit. *Signé*, PHELYPEAUX.

AVIS DE M[R] D'ARGENSON Conſeiller du Roy en ſes Conſeils, Maître des Requêtes Ordinaire de ſon Hôtel, Lieutenant Général de Police de la Ville, Prévôté & Vicomté de Paris, ſur le projet des Statuts des Maîtres Chirurgiens Jurés de Paris

VEU par Nous Marc-René de Voyer, de Paulmy, Chevalier, Marquis d'Argenſon ; Conſeiller du Roy en ſes Conſeils, Maître des Requêtes Ordinaire de ſon Hôtel, & Lieutenant Général de Police de la Ville, Prévôté & Vicomté de Paris, l'Arrêt du Conſeil d'Etat de Sa Majeſté du ſix Novembre 1698. par lequel Sadite Majeſté Nous a renvoyé le projet des Statuts de la Communauté des Maîtres Chirurgiens de la Ville de Paris, contenant cinquante-quatre Articles, pour les examiner avec telles perſonnes que Nous jugerions à propos de choiſir, donner enſuite nôtre avis ſur chacun d'iceux, pour iceluy vû & rapporté à Sa Majeſté, être ordonné ce qu'il appartiendra ; enſemble le Projet deſdits Statuts contenant leſdits cinquante-quatre Articles par Nous examinés, changés, corrigés & augmentés juſqu'au nombre de cent cinquante, contenans trente feüillets de Nous paraphés par premier & dernier ; Nôtre Ordonnance du ſix Juillet dernier 1699.

portant que ledit projet des Statuts seroit communiqué à Monsieur Fagon, Conseiller d'Etat & Premier Medecin de Sa Majesté, au sieur Bourdelot Medecin ordinaire du Roy & Premier Medecin de Madame la Duchesse de Bourgogne, au sieur Duchesnay Premier Medecin de Monsieur, au sieur Boudin Doyen de la Faculté de Medecine, au sieur Arlot Premier Medecin de Madame la Duchesse d'Orleans, au sieur Felix Premier Chirurgien du Roy, & au sieur Turssan son Lieutenant, aux sieurs le Dran, Arnaud, Chauvel & A'vrillon Maîtres Chirurgiens & Prévôts en Charge, au sieur Emmerés aussi Receveur en Charge, au sieur Gervais Premier Chirurgien de la feuë Reine, & ordinaire du Roy; au sieur Tanquerede Premier Chirurgien de Monsieur, au sieur Gonin Doyen de la Communauté des Chirurgiens, à douze autres anciens Prévôts de ladite Communauté; sçavoir aux sieurs Dohy, Morel, David, du Tertre, Franchet, Haustome, Canto, Poignant, Cuquel, Caubouë, Gigot & Delon, & à douze autres Maîtres de ladite Communauté, tant anciens, modernes, que jeunes; sçavoir aux sieurs Besiere, Buzet, Dupré, Laguë, Gouverie, Gonin 2. Marêchal, Lardy, Roberdeau, Blondin, Martinon & Renier, comme aussi aux Chirurgiens Officiers du Roy, Maison & Famille Royale, ausquels à cet effet, Nous avons permis de s'assembler, pour y faire telles observations qu'ils jugeront nécessaires, soit par rapport à l'utilité publique & en vûë des avantages de la Communauté des Maîtres Chirurgiens,

interêts

interêts particuliers & communs des Chirurgiens Officiers, pour le tout à Nous rapporté, être dit ce qu'il appartiendra : Vû auſſi l'Atteſtation de Monſieur Fagon, Conſeiller d'Etat & Premier Medecin de Sa Majeſté, par lui donnée en exécution de notre Ordonnance du vingt-neuf Juillet dernier, portant qu'il a vû & examiné ledit Projet de Statuts, paraphé de Nous, & qu'il ne contient aucune diſpoſition qui ne ſoit pour le bien public & l'avantage de la Chirurgie ; celle du Sieur Bourdelot, Conſeiller Medecin ordinaire du Roy, Premier Medecin de Madame la Ducheſſe de Bourgogne, donnée auſſi en exécution de notre Ordonnance, portant que ledit Projet de Statuts ne contient aucune diſpoſition qui ne ſoit pour le bien public & l'avantage de la Chirurgie, en datte dudit jour vingt-neuf Juillet 1699. celle du Sieur Duchesnay, Conſeiller, Premier Medecin de ſon Alteſſe Royale Monſieur, de la même datte, & contenant la même diſpoſition que les précédentes. Autre Atteſtation dudit Sieur Boudin, Medecin ordinaire de Madame la Ducheſſe de Bourgogne, & Doyen de la Faculté de Medecine, portant qu'il a auſſi vû & examiné ledit Projet de Statuts, & qu'il ne contient aucune diſpoſition qui ne ſoit pour le bien public & l'avantage de la Chirurgie, en datte du trente dudit mois de Juillet. Autre Atteſtation dudit Sieur Arlot Premier Medecin de Madame, Ducheſſe d'Orleans, du trentiéme dudit mois, portant qu'il a pareillement vû & examiné ledit Projet de Statuts en exécution de notre Ordonnance, & qu'il n'y a rien trouvé qui ne soit pour le bien public & l'avantage de la Chirurgie. Autre du Sieur Felix Premier Chirurgien de Sa Majesté, portant qu'il a aussi vû & éxaminé en exécution de notredite Ordonnance ledit Projet de Statuts, & qu'il ne contient aucune disposition qui ne soit pour le bien public & l'avantage de la Chirurgie, ladite Attestation dattée du premier du présent mois d'Août. Autre dudit Sieur Turssan Lieutenant dudit Sieur Premier Chirurgien du Roy, des Sieurs Arnaud, Chauvel & A'vrillon Prévôts, Jurés & Gardes de la Communauté des Chirurgiens, de présent en Charge, du Sieur Emmerez ancien Prévôt & Receveur aussi en Charge, portant qu'ils ont pareillement vû & examiné ledit Projet de Statuts, & qu'ils n'y ont rien trouvé qui ne soit pour le bien public & l'avantage de la Chirurgie, en datte du deux dudit mois d'Août. Deux autres Attestations des Sieurs Gervais & Tanquerede, Chirurgien ordinaire du Roy, & Premier Chirurgien de la feuë Reine, & premier Chirurgien de Monsieur, en datte du troisiéme du même mois d'Août; les Attestations des Sieurs Gonin, Doyen de la Communauté desdits Chirurgiens, Dohy, Morel, David, du Tertre, Chirurgiens ordinaires du Roy, & du Parlement, Franchet, Haustome, Canto, Poignant, Pignol, Cauboüe, Gigot & Delon, tous anciens Prévôts de ladite Communauté, des Sieur Bessiere, Buzet, Sarranzot-Dupré, Laguë, Gouverie, Gonin, Marefchal, Lardy, Roberdeau, Blondin Premier Chirurgien de la feuë Reine d'Eſpagne, Martinon, Droüin & Renier, tous Maîtres Chirurgiens de ladite Comunauté, tant anciens, modernes que jeunes, dattées du deux de ce préſent mois d'Août, portant qu'ils ſe ſont aſſemblés en éxecution de nôtre ſuſdite Ordonnance; & qu'après avoir vû & éxaminé ledit Projet en cent cinquante Article, trente feuillets de Nous paraphés par premier & dernier, ils l'ont reconnu pour être tres-avantageux à l'ordre public, propre à maintenir la regle, & à faire ceſſer pluſieurs abus qui ſe ſont introduits, tant parmy les Maîtres Chirurgiens de cette Ville de Paris, que parmy ceux qui éxercent ſans qualité l'Art de Chirurgie; & qu'enfin, tous les Articles dudit Projet ne ſont pas moins convenables à l'utilité publique, qu'au bien général de la Communauté deſdits Chirurgiens. Vû auſſi celles des ſieurs Marcel, le Vacher, Meri, Mauny Carere, Doublet, de Liſſalde, Michel, Renard, Remy, Bourdeaux, & Chaumier, Chirurgiens Officiers du Roy, Maiſon & Famille Royale, en datte du quatriéme dudit mois d'Août, portant qu'ils ſe ſont aſſemblés en éxecution de notre ſuſdite Ordonnance, & qu'ils ont vû & éxaminé ledit Projet de Statuts à eux communiqué, contenant cent cinquante Articles en trente feuillets de Nous paraphés par premier & dernier, & qu'ils n'y ont rien trouvé qui ne ſoit conforme au bien public, & avantageux à la Chirurgie; l'acte ſignifié au Sieur Turſſan Lieutenant du Sieur Felix Premier Chirurgien du Roy, & au Sieur Arnaud Prévôt de ladite Communauté, à la requête du Sieur le Dran & du Sieur Passerat Maîtres Chirurgiens, tant pour eux, que pour plus de quatre-vingt Maîtres qui ne sont point nommés, par lequel lesdits Sieurs le Dran & Passerat declarent qu'ils s'opposent à tout ce qui a été fait, & surpris contre ladite Communauté, & à tout ce qui pourroit être fait cy-après par lesdits Sieurs Lieutenant & Prévôts en Charge, & leurs adherants, ledit Acte du vingt-neuf Juillet 1699. signifié par Chandelier Huissier-Sergent à Verge au Châtelet de Paris. Le tout vû & examiné :

NOUS sommes d'avis sous le bon plaisir du Roy, que ledit Projet de Statuts contenant cent cinquante articles en trente feüillets de Nous paraphés par premier & dernier, non seulement est très-utile pour unir dans un même Corps & dans les mêmes principes tous les Chirurgiens qui exercent dans cette Ville de Paris ; mais aussi qu'il n'est pas moins juste que necessaire, pour mettre fin à tous les procés qui les divisent depuis si longtems ; & sont en si grand nombre, que les Prévôts en Charge occupés de la poursuite des Instances qui leur sont intentées en differentes Jurisdictions, sous prétexte de privilege & d'indépendance, ou à maintenir la discipline de la Communauté contre les entreprises & les cabales des jeunes Maîtres, ne peuvent examiner avec toute l'attention convenable, la capacité des Aspirans, corriger les abus qui s'introduisent dans la Chirurgie, ni enrichir leur profeſſion de reflexions & des découvertes que la guériſon des playes ou les recherches anatomiques leur donnent lieu de faire : Il ſemble donc que ce Projet de Statuts merite de paſſer en force de loy ; puiſqu'en rappellant tous les Chirurgiens à l'exercice de leur Art, il diminuë les frais de la Maîtriſe, & qu'il établit entre les anciens & les jeunes Maîtres des diſtinctions toûjours neceſſaires ; Dailleurs ce Projet paroît d'autant plus avantageux à la Communauté & au Public, qu'il aſſujettit à quelque regle les Garçons qui agiſſent pour les Veuves, ou qui tiennent la place des Chirurgiens Officiers ; & qui les oblige eux-mêmes à ſe faire un honneur de rendre leur capacité publique par l'Acte qui doit préceder les aggregations. Enfin ces Statuts devant attacher pour toûjours la Communauté des Chirurgiens au Premier Chirurgien du Roy, & ſoumettre à cette même Communauté quiconque voudra exercer dans cette capitale du Royaume quelque portion de la Chirurgie, ſans priver le Public des heureuſes découvertes que l'expérience ſeule produit quelquefois, ſans beaucoup détude. Nous eſtimons qu'il y a lieu d'en autoriſer tous les Articles, & que l'on en doit attendre de grands avantages. FAIT à Paris le huitiéme jour d'Août mil ſix cens quatre-vingt-dix-neuf. *Signé* DE VOYER D'ARGENSON.

LETTRES PATENTES pour la confirmation des Statuts de la Communauté des Maîtres Chirurgiens Jurés de Paris.

LOUIS, par la grace de Dieu, Roy de France & de Navarre : A tous présens & à venir ; SALUT. Nous avons été informé par le Sieur Felix notre premier Chirurgien, Chef & Garde des Privileges de la Chirurgie & Barberie de notre Royaume ; que par le Contract d'union des Communautés des Chirurgiens & Barbiers de notre bonne Ville de Paris, & les Chirurgiens de S. Cosme du premier Octobre 1655. confirmée & autorisée par nos Lettres Patentes du mois de Mars 1656. registrées en notre Cour de Parlement ; il étoit entr'autres choses porté, que lesdites Compagnies unies dresseront des Statuts pour les interrogatoires & réceptions des Maîtres, tels qu'ils aviseront bon être, qui seroient compilés des anciens Statuts de l'une & de l'autre Compagnie ; & pour y parvenir, il auroit été dressé un Projet de cinquante-quatre Articles de Statuts, lequel auroit été renvoyé par Arrêt de notre Conseil du dix Novembre 1698. à notre amé & feal Conseiller en nos Conseils, Maître des Requêtes ordinaire de notre Hôtel, le Sieur d'Argenson Lieutenant Général de Police de notre bonne Ville, Prévôté &

Vicomté de Paris, pour les examiner avec telles perſonnes qu'il eſtimeroit à propos, & donner enſuite ſon avis ſur chacun deſdits Articles; & iceluy vû & rapporté, être par Nous ordonné ce qu'il appartiendroit. En exécution duquel Arrêt ledit Sieur d'Argenſon auroit dreſſé ſon Procès-Verbal, contenant qu'il a vû le Projet deſdits cinquante-quatre Articles de Statuts, & les a examinés, changés, corrigés & augmentés juſqu'au nombre de 150. Articles, & rendu ſon Ordonnance le ſix Juillet dernier, portant que ledit Projet de Statuts ſeroit communiqué à notre amé & féal Conſeiller en notre Conſeil d'Etat, & notre Premier Medecin, le Sieur Fagon, au Sieur Bourdelot, notre Medecin ordinaire, & Premier Medecin de notre très-chere & très-amée petite fille la Ducheſſe de Bourgogne, aux Sieurs Ducheſnay Premier Medecin de notre très-cher & très-amé frere unique le Duc d'Orleans, Boudin, Doyen de la Faculté de Medecine, Arlot, Premier Medecin de notre très-chere & très-amée ſœur la Ducheſſe d'Orleans, au Sieur Felix, notre Premier Chirurgien, & au Sieur Turſſan ſon Lieutenant, aux Sieurs le Dran, Arnaud, Chauvel & A'vrillon, Maîtres Chirurgiens & Prévôts en Charge, aux Sieurs Gervais notre Chirurgien ordinaire, & Premier Chirurgien de la feuë Reine notre très-chere & trés-amée épouſe, Tanquerede, Premier Chirurgien de notredit frere, Gonin, Doyen de la Communauté des Chirurgiens, à douze anciens Prévôts de ladite Communauté; ſçavoir, les Sieurs Dohy, Morel, David, du Tertre,

Franchet, Hauſtome, Canto, Poignant, Cuquel, Cauboüë, Gigot, & Delon, & à douze autres Maîtres de ladite Communauté, tant anciens, modernes, que jeunes ; ſçavoir, aux Sieurs Beſſiere, Buzet, Dupré, Laguë, Gouverie, Gonin ſecond, Mareſchal, Lardy, Roberdeau, Blondin, Martinon & Renier ; comme auſſi aux Chirurgiens Officiers de Nous, Maiſon & Famille Royale, auſquels à cet effet il auroit permis de s'aſſembler pour y faire telles obſervations qu'ils jugeroient néceſſaires, ſoit par rapport à l'utilité publique, ſoit en vûë des avantages de la Communauté des Maîtres Chirurgiens, & des interêts particuliers & communs deſdits Chirurgiens ; pour le tout rapporté audit Sieur d'Argenſon, être dit ce qu'il appartiendra ; les Atteſtations données par ledit Sieur Fagon & autres cy-deſſus nommés, par leſquels ils conviennent tous unanimement, après avoir examiné le Projet de Statuts, qu'il ne contient aucune diſpoſition qui ne ſoit pour le bien public & l'avantage de la Chirurgie, ainſi qu'il eſt plus au long porté par le Procès-Verbal dudit Sieur d'Argenſon. L'Acte ſignifié le vingt-quatre Juillet dernier audit Sieur Turſſan Lieutenant dudit Sieur Felix, & au Sieur Arnaud Prévôt de ladite Communauté, & à la Requête dudit le Dran & du Sieur Paſſerat, Maîtres Chirugiens, tant pour eux, que pour plus de quatre-vingt Maîtres qui ne ſont point nommés, par lequel leſdits le Dran & Paſſerat déclarent qu'ils s'oppoſent à tout ce qui a été fait & ſurpris contre ladite Communauté, & à tout ce qui pourroit

pourroit être fait cy-après par lesdits Lieutenant & Prévôts en charge. Ledit Sieur d'Argenson Nous auroit ensuite donné son avis sur le tout le 8. Août dernier, par lequel il dit que ledit projet de Statuts contenant cent cinquante Articles en trente feüillets de luy paraphés par premier & dernier, non seulement est très-utile pour unir dans un même Corps & dans les mêmes principes, tous les Chirurgiens qui exercent dans notredite Ville de Paris; mais aussi qu'il n'est pas moins juste que nécessaire pour mettre fin à tous Procès qui les divisent depuis si longtems. Ces contestations sont en si grand nombre, que les Prévôts en Charge occupés de la poursuite des Instances qui leur sont intentées en differentes Jurisdictions, sous prétexte de privileges, ou à maintenir la discipline de la Communauté contre les entreprises & la cabale des jeunes Maîtres, ne peuvent examiner avec toute l'attention convenable la capacité des Aspirans, corriger les abus qui s'introduisent dans la Chirurgie, ni enrichir leur Profession des réflexions & des découvertes que la guérison des playes, ou les recherches anatomiques, leur donnent lieu de faire, qu'il semble donc que ce Projet de Statuts doit passer en force de loy; puisqu'en rappellant tous les Chirurgiens à l'exercice de leur Art, il diminuë les frais de la Maîtrise, & qu'il établit entre les anciens & les jeunes Maîtres des distinctions toûjours nécessaires. D'ailleurs ce Projet est d'autant plus avantageux à la Communauté & au Public, qu'il assujettit à quelque regle les Garçons qui agissent pour les

Veuves, ou qui tiennent la place des Chirurgiens Officiers, & qu'il les oblige eux-mêmes à se faire un honneur de rendre leur capacité publique par l'acte qui doit préceder les aggregations ; & qu'enfin ces Statuts devant attacher pour toûjours la Communauté des Chirurgiens à notre Premier Chirurgien, & soûmettant à cette même Communauté quiconque voudra exercer dans la Capitale de notre Royaume, quelque partie de la Chirurgie, sans priver le Public des heureuses découvertes que l'expérience seule produit ; & il estime qu'il y a lieu sous notre bon plaisir, d'autoriser tous lesdits Articles ; à quoy désirant pourvoir : A CES CAUSES, & autres à ce Nous mouvant, après avoir fait voir en notre Conseil lesdits 150. Articles de Statuts, & l'avis dudit Sieur d'Argenson, cy-attaché avec ledit Contract d'union & lesdites Lettres Patentes du premier Octobre 1655. & mois de Mars 1656. sous le contrescel de notre Chancellerie, & de notre certaine science, pleine puissance & autorité Royale, avons approuvé, autorisé & confirmé, & par ces Présentes signées de notre main, approuvons, autorisons & confirmons lesdits cent cinquante Articles de Statuts, Voulons & Nous plaît qu'ils soient exécutés, gardés & observés selon leur forme & teneur. SI DONNONS en Mandement à nos amés & feaux Conseillers, les Gens tenans notre Cour de Parlement à Paris, & à tous autres nos Officiers & Justiciers qu'il appartiendra, que ces Présentes ils ayent à faire enregistrer, & du contenu en icelles, faire joüir & uſer les Maîtres de ladite Communauté pleinement, paiſiblement & perpetuellement, ceſſant & faiſant ceſſer tous troubles & êmpechemens quelconques, nonobſtant tous Edits, Déclarations, Statuts, Arrêts & Réglemens à ce contraires, auſquels nous avons dérogé & dérogeons par ceſdites Préſentes; car tel eſt nôtre bon plaiſir : Et afin que ce ſoit choſe ferme & ſtable à toujours, Nous y avons fait mettre nôtre ſcel. DONNE' à Verſailles, au mois de Septembre, l'an de grace mil ſix cens quatre-vingt-dix-neuf, & de nôtre Regne le cinquante-ſeptiéme, *Signé* LOUIS, & plus bas par le ROY, PHELYPEAUX: & plus bas eſt encore écrit, *Viſa* PHELYPEAUX pour Statuts de la Communauté des Chirurgiens de Paris, & ſcelé du grand Sceau de cire verte en lacs de ſoye verte & rouge.

Regiſtrés oüi & ce requerant le Procureur Géneral du Roy, pour joüir par les Maîtres Chirurgiens de Paris & ceux qui leur ſuccederont, de leur effet & contenu, & être éxecutés ſelon leur forme & teneur, ſuivant l'Arrêt de ce jour. A Paris en Parlement le troiſiéme Fevrier mil ſept cens un. Signé DU TILLET.

ARREST DU CONSEIL D'ETAT sur la modification de quelques Articles des Statuts de la Communauté des Maîtres Chirurgiens Jurez de Paris.

EXTRAIT DES REGISTRES *du Conseil d'Etat.*

LE Roy ayant été informé que dans les Statuts qu'il a accordé à la Communauté des Maîtres Chirurgiens de Paris, sur lesquels il leur a fait expedier des Lettres Patentes au mois de Septembre 1699. il y a quelques articles, qui dans la suite pourroient donner lieu à des contestations, qu'il est à propos d'éviter ; Sa Majesté en interprétant, expliquant, augmentant & corrigeant en tant que de besoin lesdits Statuts, a ordonné & ordonne que les Articles 2. 3. & 9. en l'état qu'ils sont conçûs, seront & demeureront suprimés ; qu'au lieu du second il en sera mis un en ces termes: *Le Premier Chirurgien du Roy ou son Lieutenant, continuera de recevoir en sa maison, les Aspirans pour la Maîtrise de Chirurgie, Sages-femmes, Barbiers-Perruquiers, & tous autres faisant quelque partie de la Chirurgie que ce soit en la Banlieuë, Prévôté & Vicomté de Paris, ensemble ceux de toutes les autres Villes du Royaume, qui auront un Acte de refus attesté & legalisé par le plus prochain Juge Royal des lieux, en appellant aufdites receptions tel nombre de Medecins & Chirurgiens qu'il avifera bon être, pourvû néantmoins que les Medecins foient de la Faculté de Paris, & que l'un defdits Chirurgiens appellez foit Prévôt en Charge.* Qu'au lieu du troifiéme, il en fera mis un de cette maniere : *Tous les Regiftres, titres & papiers de ladite Communauté, à l'exception feulement du Regiftre courant qui demeurera entre les mains du Greffier, feront mis dans une Armoire particuliere en la Maifon de S. Cofme, fous trois clefs, dont l'une fera donnée au Premier Chirurgien ou à fon Lieutenant, une à l'ancien des quatre Prévôts, & la troifiéme audit Greffier, fans néantmoins que ledit Premier Chirurgien ou fon Lieutenant puiffe prétendre aucun droit de proprieté fur ladite Maifon.* Et qu'au lieu du neuviéme il en fupplée un autre, ainfi qu'il enfuit : *Les Maîtres qui auront une fois paffé par les Charges de Prévôts, ne pourront être élûs ni continuez une feconde fois aux mêmes Charges : Pourra néantmoins le Premier Chirurgien du Roy, continuer une fois feulement un des Prévôts qui fera actuellement en Charge, ou choifir entre les anciens Prévôts l'un des deux qui feront à nommer pour entrer en charge, laquelle faculté appartiendra aux fucceffeurs dudit Premier Chirurgien à leur avenement.* Ordonne auffi Sa Majefté que l'Art. 15. aura lieu pour les Officiers des Maifons Royales qui fe feront recevoir dans le tems porté par l'Article 89. defdits Statuts, & qui auront dix années de reception dans leurs Charges, lefquels auront voix déliberative comme les Maîtres qui ont dix années de reception. Que l'Article 27. n'aura lieu que pour les Villes où il y a Parlement & Archevêché conjointement. Que l'aggregation des Chirurgiens des Hôpitaux dont il est parlé dans l'Article 30, tant à l'égard de ceux qui ont fini leur tems de six années de service, que de ceux qui le finiront ci-après, sera faite conformement à celle des Chirurgiens des Invalides, mentionnée en l'Article 101. Que les soumissions mentionnées en l'Article 105. seront conformes à celles qui ont été déja faites sur les Registres de la Communauté le 15. Juillet 1698. Et attendu que depuis quelque tems l'élection des Prévôts a été interrompuë, Sa Majesté pour rétablir l'ordre & l'usage ancien, veut & ordonne qu'à l'élection des Prévôts qui doivent entrer en Charge le premier Lundy d'Octobre prochain, il sera nommé quatre Prévôts; dont deux seront choisis par la Communauté à la pluralité des voix entre ceux qui sont actuellement en place, lesquels n'y resteront qu'une année, & les deux autres seront nommez conformement ausdits Statuts, pour y rester deux ans; Ordonne en outre Sa Majesté qu'il sera tenu compte au Receveur de la Communauté des frais faits & à faire pour la poursuite, obtention & enregistrement desdits Statuts, lesquels seront taxés sur les Memoires par le Conseil de ladite Communauté. Comme aussi veut & entend Sa Majesté que lesdits Statuts, ensemble le present Arrest, ne pourront nuire ni préjudicier aux droits qu'a le Lieutenant Criminel du Châtelet de faire prêter serment aux Chirurgiens & aux Sages-femmes pour la validité de leurs rapports, le tout conformement aux Arrêts & Réglemens. Seront au ſurplus leſdits Statuts exécutés ſelon leur forme & teneur en ce qui ne ſe trouvera point contraire au préſent Arrêt, pour l'exécution duquel toutes Lettres Patentes ſeront expédiées. FAIT au Conſeil d'Etat du Roy, Sa Majeſté y étant, tenu à Verſailles le quatriéme Janvier mil ſept cens un. *Signé*, PHELYPEAUX.

LETTRES PATENTES ſur la modification de quelques Articles de Statuts des Maîtres Chirurgiens Jurés de Paris.

LOUIS, par la grace de Dieu, Roy de France & de Navarre. A nos Amés & feaux Conſeillers, les Gens tenans notre Cour de Parlement à Paris; SALUT. Ayant été informé que dans les Statuts de la Communauté des Maîtres Chirurgiens Jurés de notre bonne Ville de Paris, que nous avons confirmés par nos Lettres Patentes du mois de Septembre 1699. il y a quelques Articles qui dans la ſuite pourroient donner lieu à des conteſtations qu'il eſt à propos d'éviter; Nous avons par Arrêt de notre Conſeil de ce jourd'huy, en interprêtant, expliquant, corrigeant en tant que beſoin leſdits Statuts, ordonné que les Articles 2. 3. & 9. en l'état qu'ils ſont conçûs, ſeront & demeureront ſuprimés; qu'au lieu du ſecond, il en ſera mis un en ces termes : *Noſtre Premier Chirurgien ou ſon Lieutenant, continuera de recevoir en ſa maiſon les Aſpirans pour la Maîtriſe de Chirurgie, Sages-femmes, Barbiers-Perruquiers, & tous autres faiſant quelque partie de la Chirurgie que ce ſoit en la Banlieuë, Prévôté & Vicomté de noſtre bonne Ville de Paris, enſemble ceux de toutes les autres Villes de noſtre Royaume, qui auront un Acte de refus atteſté & legaliſé par le plus prochain Juge Royal des lieux, en appellant auſdites receptions tel nombre de Medecins & Chirurgiens qu'il aviſera bon être, pourveu néanmoins que les Medecins ſoient de la Faculté de noſtredite Ville de Paris, & que l'un deſdits Chirurgiens appellez, ſoit Prévôt en Charge.* Qu'au lieu du troiſiéme, il en ſera mis un de cette maniere : *Tous les Regiſtres, Titres & papiers de ladite Communauté, à l'exception du Regiſtre courant qui demeurera entre les mains du Greffier, ſeront mis dans une Armoire particuliere en la maiſon de S. Coſme, ſous trois clefs, dont l'une ſera donnée à noſtredit Premier Chirurgien ou à ſon Lieutenant, une à l'ancien des quatre Prévôts, & la troiſiéme audit Greffier, ſans néanmoins que noſtredit Premier Chirurgien ou ſon Lieutenant puiſſe prétendre aucun droit de proprieté ſur ladite Maiſon.* Et qu'au lieu du neuviéme, il en ſera ſuppléé un autre ainſi qu'il enſuit : *Les Maîtres qui auront une fois paſſé par les Charges de Prévôts, ne pourront être élûs ni continués une ſeconde fois aux mêmes Charges : Pourra néanmoins nôtre Premier Chirurgien ou ſon Lieutenant, continuer un des Prévôts qui ſera actuellement en Charge, ou choiſir entre les anciens Prévôts l'un des deux qui ſeront à nommer pour entrer en Charge, laquelle*

quelle faculté appartiendra aux successeurs de nôtredit Premier Chirurgien à leur avenement. Nous avons en outre ordonné que l'Article 15. aura lieu pour les Officiers des Maisons Royales qui se feront recevoir dans le tems porté par l'Art. 89. desdits Statuts, & qui auront dix années de reception dans leur Charge, lesquels auront voix déliberative comme les Maîtres qui ont dix années de reception. Que l'Art. 27. n'aura lieu que pour les Villes où il y a Parlement & Archevêché conjointement; que l'aggregation des Chirurgiens des Hôpitaux dont il est parlé dans l'Article 30. tant à l'égard de ceux qui ont fini le tems de six années de service, que de ceux qui le finiront ci-après, sera faite conformément à celle des Chirurgiens des Invalides mentionnée en l'Article 101. que les soûmissions mentionnées en l'Article 105. seront conformes à celles qui ont déja été faites sur les Registres de la Communauté le quinze Juillet 1698. Et attendu que depuis quelque tems, l'élection des Prévôts a été interrompuë, pour rétablir l'ordre & l'usage ancien, Nous avons ordonné qu'à l'élection des Prévôts qui doivent entrer en Charge le premier Lundy du mois d'Octobre prochain, il sera nommé quatre Prévôts, dont deux seront choisis par la Communauté, à la pluralité des voix entre ceux qui sont actuellement en place, lesquels n'y resteront qu'une année, & les deux autres seront nommez conformément ausdits Statuts, pour y rester deux ans; qu'il sera tenu compte au Receveur de la Communauté des frais faits & à faire pour la

N

poursuite, obtention & enregistrement desdits Statuts, lesquels seront taxés sur les memoires par le conseil de lad. Communauté. Comme aussi Nous avons pareillement ordonné que lesdits Statuts, ensemble ledit Arrêt ne pourront nuire ni préjudicier aux droits qu'a le Lieutenant Criminel du Châtelet, de faire prêter serment aux Chirurgiens & aux Sages-femmes pour la validité de leurs rapports ; le tout conformément aux Arrêts & Reglemens ; & qu'au surplus lesdits Statuts seront executez selon leur forme & teneur en ce qui ne se trouvera contraire audit Arrêt, pour l'execution duquel ladite Communauté des Maîtres Chirurgiens Jurez Nous a très-humblement supplié de leur accorder nos Lettres necessaires. A CES CAUSES & autres à ce nous mouvans, conformément audit Arrêt de nôtre Conseil ci-attaché sous le contre-scel de nôtre Chancellerie, Nous avons approuvé & autorisé, approuvons & autorisons par ces Présentes signées de nôtre main, les changemens qui ont été faits aux Articles desdits Statuts, suivant & ainsi qu'il est ci-dessus expliqué. Voulons au surplus que lesdits Statuts soient executez selon leur forme & teneur en ce qui ne se trouvera contraire ausdits changemens. SI VOUS MANDONS que ces Présentes, ensemble ledit Arrêt, vous ayez à faire registrer, & du contenu en iceux, faire joüir & user ladite Communauté des Maîtres Chirurgiens Jurez pleinement & paisiblement, cessant & faisant cesser tous troubles & empêchemens ; Car tel est nôtre plaisir. DONNE' à Marly le huitiéme jour de Janvier, l'an de grace mil sept cens un, & de nôtre Regne le cinquante-huitiéme. *Signé* LOUIS, & plus bas par le ROY, PHELYPEAUX, avec paraphe. Et scellé du grand Sceau de cire jaune.

Registrées oüi & ce requerant le Procureur General du Roy, pour joüir par les Maîtres Chirurgiens de Paris, & ceux qui leur succederont, de leur effet & contenu, & être executées selon leur forme & teneur, suivant l'Arrêt de ce jour. A Paris en Parlement le troisiéme Fevrier mil sept cens un. Signé DU TILLET.

ARREST DU PARLEMENT du douze Janvier 1701. qui ordonne que les Lettres Patentes du Roy, concernant les Statuts des Maîtres Chirurgiens Jurez de Paris, ensemble lesdits Statuts, seront communiquez au Lieutenant Général de Police, & au Substitut du Procureur Général du Roy au Châtelet, pour donner leurs avis sur icelles.

EXTRAIT DES REGISTRES de Parlement.

VEU par la Cour les Lettres Patentes du Roy données à Versailles au mois de Septembre 1699. signées LOUIS, & plus bas par le

ROY, Phelipeaux, & ſcellées du grand Sceau de cire verte, par leſquelles ledit Seigneur Roy auroit approuvé & confirmé les cent cinquante Articles des Statuts pour la Communauté des Maîtres Chirurgiens de cette Ville de Paris. Veut ledit Seigneur Roy, qu'ils ſoient executez, gardez & obſervez ſelon leur forme & teneur, ainſi que plus au long le contiennent leſdites Lettres à la Cour addreſſantes; leſdits Statuts attachez ſous le contre-ſcel deſdites Lettres. Autres Lettres Patentes du Roy données à Marly le huit Janvier dernier, ſignées LOUIS, & plus bas par le ROY, Phelipeaux, & ſcellées du grand Sceau de cire jaune, par leſquelles ledit Seigneur, conformément à l'Arrêt du Conſeil du quatre dudit mois de Janvier, auroit approuvé & autoriſé les changemens qui ont été faits aux articles deſdits Statuts, ſuivant, & ainſi qu'il eſt expliqué auſdites Lettres; & au ſurplus, que leſdits Statuts ſoient executez ſelon leur forme & teneur, en ce qui ne ſe trouvera contraire auſdits changemens. Concluſions du Procureur Général du Roy Ouy le rapport de Maître Robert Bruneau; Tout conſideré. LA COUR avant proceder à l'enregiſtrement deſdites Lettres, ordonne qu'elles ſeront communiquées, enſemble leſdits Statuts au Lieutenant Général de Police de cette Ville de Paris, & au Subſtitut du Procureur Général du Roy au Châtelet, pour donner leurs avis ſur icelles; pour ce fait rapporté & communiqué au Procureur Général du Roy, être ordonné ce que de raiſon. FAIT en Parlement le douziéme jour de Janvier mil ſept cens un. Collationné. *Signé*, DU TILLET, avec paraphe.

ARREST DU PARLEMENT du trois Février 1701. portant l'enregiſtrement des Statuts des Maîtres Chirurgiens Jurez à Paris.

EXTRAIT DES REGISTRES de Parlement.

VEU par la Cour les Lettres Patentes du Roy, données à Verſailles au mois de Septembre mil ſix cens quatre-vingt-dix-neuf, ſignées LOUIS & plus bas par le ROY, PHELIPEAUX, & ſcellées du grand Sceau de cire verte en lacs de ſoye, par leſquelles pour les cauſes y contenuës, ledit Seigneur Roy auroit approuvé, autoriſé & confirmé les cent cinquante Articles de Statuts pour la Communauté des Maîtres Chirurgiens de la Ville de Paris. Veut le Seigneur Roy & lui plaît qu'ils ſoient executez, gardez & obſervez ſelon leur forme & teneur, & ainſi que plus au long le contiennent leſdites Lettres à la Cour addreſſantes; leſdits Statuts attachez ſous le contre-ſcel deſdites Lettres. Autres Lettres Patentes du Seigneur Roy données à Marly le huitiéme Janvier mil ſept cens un, ſignées LOUIS, & plus bas par le ROY,

PHELIPEAUX, & ſcellées du grand Sceau de cire jaune, par leſquelles, pour les cauſes y contenuës, le Seigneur Roy, conformément à l'Arrêt du Conſeil du quatriéme dudit mois de Janvier mil ſept cens un, auroit approuvé & autoriſé les changemens qui ont été faits aux Articles deſdits Statuts, ſuivant & ainſi qu'il eſt expliqué auſdites Lettres. Veut le Seigneur Roy au ſurplus que leſdits Statuts ſoient éxecutez ſelon leur forme & teneur, en ce qui ne ſe trouvera contraire auſdits changemens. Arrêt du 12. Janvier dernier, par lequel avant faire droit ſur l'enregiſtrement deſdites Lettres auroit été ordonné que leſdites Lettres & Statuts ſeroient communiquées au Lieutenant Général de Police de cette Ville de Paris, & au Subſtitut du Procureur Général du Roy au Chaſtelet, pour donner leurs avis ; pour ce fait rapporté & communiqué au Procureur Général du Roy, être ordonné ce que de raiſon. L'avis deſdits Lieutenant Général de Police & Subſtitut, du ſeize Janvier mil ſept cens. Concluſions du Procureur Général du Roy. OUY le rapport de Maître Robert Bruneau Conſeiller : Tout conſideré. LA COUR a ordonné & ordonne que leſdites Lettres & Statuts ſeront enregiſtrés au Greffe d'icelles, pour joüir par les Maîtres Chirurgiens de Paris & ceux qui leur ſuccederont de leur effet & contenu, & être executez ſelon leur forme & teneur. FAIT en Parlement le troiſiéme Fevrier mil ſept cens un. Collationné. *Signé*, DU TILLET, avec paraphe.

ARREST DU CONSEIL D'ETAT du Roy, du premier Juin 1669. portant reglement du nombre des Chirurgiens des Maisons Royales qui doivent tenir boutique en la Ville & Fauxbourgs de Paris.

EXTRAIT DES REGISTRES *du Conseil d'Etat.*

LE ROY s'étant fait représenter les Lettres Patentes en forme de Declarations, des mois d'Août 1636. Fevrier & Octobre 1638. Janvier 1639. Novembre 1664. Août & Septembre 1666. 22. Decembre 1667. Arrêts de son Conseil des 4. Août & 5. Novembre 1668. ensemble les Placets & Memoires qui lui ont été presentez, tant par les Maîtres Chirurgiens de Paris, que par plusieurs autres Chirurgiens des Maisons de la Famille Royale; Et voulant faire cesser les contestations qui sont entre lesdits Chirurgiens, & remedier par ce moyen à plusieurs abus d'un notable préjudice au Public : SA MAJESTE' ESTANT EN SON CONSEIL, a ordonné & ordonne que lesdites Declarations & Arrêts seront éxecutez, & en conséquence veut & entend que son Premier Chirurgien, son Chirurgien ordinaire, & les huit servans par quartier, ensemble les quatre Chirurgiens de ses Ecuries, reservez par la Declaration du 22. Decembre 1667. quatre Chirurgiens de la Maiſon de la Reine, quatre de la défunte Reine Mere de Sa Majeſté, le Premier Chirurgien de Monſieur, ſon Chirurgien ordinaire, & huit ſervans par quartier, deux Chirurgiens de la Maiſon de Madame, le Premier Chirurgien, le Chirurgien ordinaire, & huit ſervans par quartier de défunt Monſieur le Duc d'Orleans, deux de la Maiſon de Madame, Doüairiere, deux de la Maiſon de Mademoiſelle d'Orleans, quatre de la Maiſon de M[r]. le Prince, & quatre Chirurgiens ſuivans la Cour à la nomination du ſieur Grand Prévôt de l'Hôtel, ayent droit & privilege d'exercer la Chirurgie, & de tenir boutique ouverte, tout ainſi que les Maîtres Chirurgiens de Paris, & ce ſans qu'ils ſoient tenus de faire auparavant aucun acte & experience en la Communauté deſdits M[es]. Chirurgiens de Paris. Fait Sa Majeſté très-expreſſes défenſes à tous Chirurgiens autres que ceux exprimez & reſervez par le préſent Arrêt, & qui n'ont été reçûs Maîtres, de tenir boutique en la Ville & Fauxbourgs de Paris : Pourront néanmoins les autres Chirurgiens qui ſe trouveront compris & employez dans les Etats des Maiſons de la Famille Royale, regiſtrez en la Cour des Aides, & qui ne ſont exprimez ni reſervez par le préſent Arrêt, ſe faire recevoir Maîtres, ſi bon leur ſemble, ſuivant & conformement aux Statuts des Maîtres Chirurgiens de Paris; & au cas qu'ils ſoient trouvez capables, ladite Communauté des M[es]. Chirurgiens ſera tenuë de les recevoir, encore qu'ils n'ayent fait aucun apprentiſſage,

apprentiſſage, & en payant la moitié ſeulement des droits ordinaires que payent les autres Maîtres. Et en attendant, & juſqu'à ce que leſdits Chirurgiens y ayent été reçûs, leurs boutiques demeureront fermées, avec défenſes de les ouvrir, ni d'exercer la Chirurgie en ladite Ville & Fauxbourgs de Paris; ſi ce n'eſt és chambres hautes des maiſons où ils feront leur demeure ordinaire, à peine de mille livres d'amende, applicable à l'Hôpital Général, & qui demeurera encouruë en cas de contravention, en vertu du préſent Arrêt. FAIT au Conſeil d'Etat du Roy, Sa Majeſté y étant, tenu à Saint Germain en Laye le premier jour de Juin mil ſix cens ſoixante-neuf. *Signé*, COLBERT.

LOUIS par la grace de Dieu, Roy de France & de Navarre : Au Premier des Huiſſiers de nos Conſeils, ou autre nôtre Huiſſier ou Sergent ſur ce requis. Nous te mandons & commandons par ces Préſentes ſignées de nôtre main, que l'Arrêt dont l'extrait eſt ci-attaché ſous le contre-ſcel de nôtre Chancelerie, ce jourd'hui donné en nôtre Conſeil d'Etat, Nous y étant, tu ſignifies à tous qu'il appartiendra, à ce qu'ils n'en prétendent cauſe d'ignorance, & fais pour l'entiere éxecution d'icelui, tous commandemens, ſommations, défenſes ſur les peines y contenuës, & autres actes & exploits néceſſaires, ſans autre permiſſion; Voulons qu'aux copies dudit Arrêt & des Préſentes collationnées par l'un de nos amez & feaux Conſeillers & Secretaires, foi ſoit ajoûtée comme aux Originaux; CAR tel est nôtre plaisir. DONNÉ à Saint Germain en Laye le premier jour de Juin, l'an de grace mil six cens soixante-neuf, & de nôtre Regne le vingt-septiéme. *Signé*, LOUIS, *& plus bas* par le ROY, COLBERT. Scellé du grand Sceau de cire jaune, & contre-scellé.

ARREST DU CONSEIL D'ETAT du quatre Septembre 1669. qui fait défenses à tous Chirurgiens-Barbiers, & autres prétendus privilegiez & employez dans les Etats des Maisons de la Famille Royale, autres que ceux qui sont compris & nommez dans l'Arrêt du premier Juin de ladite année 1669. de tenir boutique de Chirurgien dans la Ville & Fauxbourgs de Paris, & d'y exercer l'Art de Chirurgie, qu'aux conditions portées par l'Arrêt du premier Juin de ladite année 1669.

EXTRAIT DES REGISTRES du Conseil d'Etat.

LE Roy ayant été informé de ce qu'au préjudice de l'Arrêt du Conseil d'Etat du premier Janvier de l'année présente, par lequel Sa Majesté a reglé le nombre des Chirurgiens de sa Maison, & des autres Maisons de la Famille Royale, qui pourroient à l'avenir tenir boutique ouverte en la Ville & Fauxbourgs de Paris, plusieurs autres particuliers Chirurgiens non compris ni reservez par ledit Arrêt, ne tenoient compte d'y obéïr &

de fermer leurs boutiques, quelques ſignifications & ſommations qui leur ayent été faites ; & d'autant qu'il eſt important au Public de faire ceſſer les abus auſquels Sa Majeſté a voulu remedier par ledit Arrêt, SA MAJESTE' E'TANT EN SON CONSEIL, a ordonné & ordonne que ledit Arrêt du premier du mois de Juin ſera éxecuté ſelon ſa forme & teneur, & en conſéquence, fait très-expreſſes défenſes à tous Chirurgiens, Barbiers & autres prétendus privilegiez & employez dans les Etats des Maiſons de la Famille Royale, autres que ceux qui ſont compris & nommez audit Arrêt, de tenir boutique de Chirurgiens dans la Ville & Fauxbourgs de Paris, & d'y exercer l'Art de Chirurgie, qu'aux conditions portées par ledit Arrêt, & ce ſous les peines y contenuës en cas de contravention ; Enjoint à cet effet aux Receveurs & Adminiſtrateurs de l'Hôpital Général de Paris, de faire contraindre les contrevenans en vertu du préſent Arrêt, au payement de l'amende de mille livres portée par celui du premier Juin, & ce, trois jours après la ſignification qui leur en ſera faite à la diligence des Prévôts & Gardes en Charge de la Communauté des Maîtres Chirurgiens de Paris : Mande & ordonne Sa Majeſté au Sieur de la Reynie Lieutenant de Police, de faire éxecuter le préſent Arrêt & ce nonobſtant oppoſitions ou appellations quelconques, deſquelles s'il en intervient, Sa Majeſté s'en eſt reſervée la connoiſſance. FAIT au Conſeil d'Etat du Roy, Sa Majeſté y étant, tenu à Saint Germain en Laye le quatriéme jour de Septembre mil six cens soixante neuf. *Signé*, COLBERT.

LOUIS par la grace de Dieu, Roy de France & de Navarre : A nôtre amé & feal Conseiller en nos Conseils, Maître des Requêtes Ordinaire de nôtre Hôtel, le Sieur de la Reynie Lieutenant de Police de nôtre Ville de Paris; Salut. Nous vous mandons & ordonnons par ces Présentes signées de nôtre main, de tenir la main & faire executer l'Arrêt dont l'extrait est ci-attaché sous le contre-scel de nôtre Chancellerie, ce jourd'hui donné en nôtre Conseil d'Etat, Nous y étant, lequel commandons au Premier nôtre Huissier ou Sergent sur ce requis, de signifier à tous qu'il appartiendra, à ce qu'ils n'en prétendent cause d'ignorance, & de faire pour l'entiere execution d'icelui, & payement de l'amende y mentionnée, tous commandemens, sommations, défenses sur les peines y portées, contraintes par les voyes y declarées & autres, & exploits nécessaires sans autre permission. Voulons qu'aux copies dudit Arrêt & des Présentes, collationnées par l'un de nos amez & feaux Conseillers & Secretaires, foi soit ajoûtée comme aux Originaux; CAR tel est nôtre plaisir. DONNE' à S. Germain en Laye le quatriéme jour de Septembre, l'an de grace mil six cens soixante-neuf, & de nôtre Regne le vingt-septiéme. *Signé*, LOUIS, & plus bas par le ROY, COLBERT. Et scellé du grand Sceau de cire jaune.

TABLE

TABLE DES MATIERES,

Contenuës dans les CL. Articles des Statuts.

A.

P

TABLE

TABLE

FIN.

www.ingramcontent.com/pod-product-compliance
Ingram Content Group UK Ltd.
Pitfield, Milton Keynes, MK11 3LW, UK
UKHW021310190726
13839UKWH00007B/573

9 782329 587547